中考热点作家

深度还原考场真题，感受语文阅读题的魅力
一书在手，阅读写作都不愁

峭壁上，那棵酸枣树

张庆和／著

 中国出版集团有限公司

 世界图书出版公司
上海　西安　北京　广州

图书在版编目（CIP）数据

峭壁上，那棵酸枣树 / 张庆和著 . — 上海 : 上海
世界图书出版公司 , 2024.6

（中考热点作家 / 李继勇主编）

ISBN 978-7-5232-1097-0

Ⅰ . ①峭… Ⅱ . ①张… Ⅲ . ①阅读课—中学—教学参
考资料 Ⅳ . ① G634.333

中国国家版本馆 CIP 数据核字（2024）第 043847 号

书　　名	峭壁上，那棵酸枣树	
	Qiaobi Shang，Nake Suanzaoshu	
著　　者	张庆和	
责任编辑	魏丽沪	
出版发行	上海世界图书出版公司	
地　　址	上海市广中路 88 号 9-10 楼	
邮　　编	200083	
网　　址	http://www.wpcsh.com	
经　　销	新华书店	
印　　刷	天津市天玺印务有限公司	
开　　本	700mm×1000mm　1/16	
印　　张	14	
字　　数	174 千字	
版　　次	2024 年 6 月第 1 版　　2024 年 6 月第 1 次印刷	
书　　号	ISBN 978-7-5232-1097-0/G・888	
定　　价	39.80 元	

前　言

随着语文考试内容的改革，阅读的重要性逐渐凸显出来。近年来阅读题的比重在中考考试中不断加大，阅读内容也越来越丰富，天文、地理、历史、科技等均有涉及；同时，体裁呈现多样化，涵盖散文、戏剧、小说、新闻等。文章涵盖面越来越广，意味着对学生阅读能力的要求越来越高。所以我们应该清晰地认识到，阅读能力的高低直接影响分数，如果阅读能力不过关，那么考试成绩肯定不会理想。

"读不懂的文章，做不完的题"一直是中学生面临的难点和困境。这就要求学生不能停留在过去的刷刷考卷、做做练习题，或是阅读一两本课外书的阶段，而是要最大限度地提升阅读能力，理解文章作者和出题人的意图，只有让学生进行大量有针对性的阅读，才是最切实有效的方法。

语文知识体系的构建和语文素质的养成，既需要重视课堂学习，又需要重视课外积累。那课外积累应该怎么做呢？高质量的课外阅读是非常有效的，这已经成为提升学生"综合竞争力"的有效手段。因此，我们策划出版了"中考热点作家"课外阅读丛书，为广大中学生提供优质的课外读物。

这套系列丛书共10册，每册收录一位作者的作品，选取了该作者入选省级以上中考语文试卷、模拟卷阅读题的经典作品，以及该作者未入选但适合中学生阅读的作品，帮助学生扩大阅读面，对标中考。书中对每篇文章进行了赏析、点评和设题，能够助力学生阅读，有利于提升学生的文学素养、答题能力和答题速度。

本系列丛书收集了在国内中考语文试卷阅读题中经常出现的10位"热点作家"杜卫东、蒋建伟、刘成章、彭程、秦岭、沈俊峰、王若冰、杨文丰、张庆和、张行健的优秀作品。这些"热点作家"入选中考语文试卷阅读题的作品多以散文为主，他们的作品风格多样，内容丰富，但都具有很高的文学价值和浓郁的时代气息。这些作品不仅对中学生阅读鉴赏能力和写作水平的提升有促进作用，还对中学生的生活和学习具有启迪和指导意义，我们相信这套丛书会受到广大师生的喜爱和欢迎。

新中考背景下的语文学习，阅读要放在首要位置。事实上，今后的中考所有学科都会体现对语文水平的考查。不仅是语文试卷增加了阅读题的分量，其他学科也越来越注重对学生阅读理解能力的考查。提升阅读能力是一项任重道远的工作，重在培养兴趣，难在积累，贵在坚持。只要持之以恒，一定会有意想不到的收获。

目录
CONTENTS

第三辑　满眼秀色染诗心

第四辑　坝上月

第五辑　关于诗的自言自语

第六辑 沐浴心情

第一辑 花开春风里

芬芳斜阳下

由于工作的繁忙、家务的劳累，她只能利用一些零碎时间，漫无边际地用铅笔默默地画，悄悄地画，边画边撕。在有幸留存下来的几幅铅笔人物画中，电影演员白杨那微笑的神态，医学专家林巧稚那和蔼的面容，仿佛都在述说着她当年的甘苦。

作家带你练

阅读下面文章，回答问题。（14 分）

好诗三"道"

①现如今；诗歌再次热起来。从荧屏节目到线上公号，再到线下的各类读诗分享会，越来越多的人开始回味经典好诗，从诗词中汲取精神营养。诗在中国千年不衰，其道何在？结合我自身的诗歌创作实践，我认为好的诗歌，关键就是处理好气道、味道与门道这"三道"。

②先说"气道"。诗是有气的，气通了，诗则顺：语顺，意顺，情顺，境顺，读起来也顺，容易产生共鸣。大千世界的风霜雨雪，现实社会的冷暖寒凉，都会在诗人心中掀起波澜，从而萌发诗情，生成为诗，进而释放诗气，形成诗的气场，甚至使人一下子就能看得见诗的形状，触摸到诗的骨骼。这气里有风吹草低、大漠孤烟、大江东去的豪气；有关注社会、深入生活、扎根人民的地气；有不随波逐流，勇于实践，努力登攀诗歌高度的勇气；有风抚塔铃，珠落玉盘，心弦随之颤动的灵气……这些气韵，为诗歌提了神，铸了魂，读来感同身受，

方能令人难忘。

③再说"味道"。我赞成这样的说法：诗若酒。酒靠酿制而成，是供人们品味的。诗亦然，只有品，方知其真味，只有耐品的诗才是好诗。这里所说的味道并非生活中酸甜苦辣的实指，主要指诗的含蓄，诗的一种艺术表现手法。这里所说的含蓄，并非晦涩，是说通过对诗的品味、琢磨，能使人领略诗之意境、情境。而且一旦领略了，会有洞门大开、眼前一亮之感。

④读现代诗人卞之琳的《断章》就是这样的感觉，"你站在桥上看风景，看风景的人在楼上看你。明月装饰了你的窗子，你装饰了别人的梦"，四行短诗，让人回味无穷。"映阶碧草自春色，隔叶黄鹂空好音"，幽深的意境，直击心性，余味无穷。"纤云弄巧，飞星传恨，银汉迢迢暗度"，辽阔的情境，摇撼心灵，令人回味。似这类有味道的诗词太有魅力，堪称百读不厌。

⑤最后是"门道"。这里所说的"门道"，显然有写作方法之蕴。诗该怎么写，没有统一的模式。功夫在诗外，是诗歌的一条重要门道。所以，诗人们要积极参与社会实践，多走走，多看看，多读多想多写，坚持下去，妙法自在其中。

⑥诗歌的创作与创新，主要在实践而不是理论，更不要迷信所谓技巧。如果说真有技巧，正如前面所述，那也是熟能生巧。

（选自《人民日报》，2020 年 1 月 4 日）

1.下列对选文的理解和分析，**不正确**的一项是（ ）（2分）

A.选文的中心论点是：诗歌的创作与创新，主要在实践而不是理论，更不要迷信所谓技巧。

B.在作者看来，好诗三"道"中的"味道"是指通过对诗的品味、琢磨，能使人领略诗之意境、情境。

C. 作者提出好诗三"道"这一论题，目的是教会我们不但要赏好诗，更要学会创作和创新。

D. 作者是按照议论文的一般结构——提出问题，分析问题，解决问题进行写作构思的。

2. 在作者看来，诗有哪几气？（4分）

_____

_____

3. 选文第④段运用了什么论证方法？有什么作用？（4分）

_____

_____

4. 选文第⑤段提到"功夫在诗外，是诗歌的一条重要门道"。写作何尝不是这样？请结合写作实际，谈谈你对这句话的理解。（4分）

_____

_____

孙悟空画的圈

　　孙悟空是中国四大名著《西游记》里的神话人物形象，手持金箍棒，善于七十二变化，是能力超群、正义公平的象征。孙悟空前去探路或化斋前，都会用金箍棒在唐僧周围画个圈，只要唐僧不越过这个圈，就可保生命无虞。但是唐僧常常被妖怪诱骗出圈，弄到大祸临头。

　　在《西游记》里，每当孙悟空前往探路或外出化斋离开唐僧的时候，临行前常常要在他周围画一个圈，并再三嘱咐，千万不要走出这圈圈，否则妖怪们就会加害于他。

　　① 这个圈，是一道保护墙，唐僧只要肯留在圈内，

① 运用了暗喻的修辞手法，以简洁的语言，生动的笔触，表达了作者对唐僧哀其不幸、怒其不争的态度。

不离开它，就会安然无恙。然而，唐僧有时候竟忘记了悟空的这番好意，甚至不相信这话是真的。于是，在妖怪们的引诱或蒙骗下，唐僧便在不知不觉中离开了这个圈圈，结果，直弄得他几番大祸临头，险些丢了性命，误了取经大事。

由此，笔者便想到了人们为拒腐防变，加强廉政建设，也曾制定的一系列"规定"。这些"规定"，就酷似孙悟空画的那个圈，确实具有保护和防范的功能。① 事实证明，凡能照着做了，没出那个圈圈的，任妖魔鬼怪般的金钱、享乐多么地具有诱惑力，都难于撼动。因而，这不但确保了个人安全，而且也保证了整个国家和民族向大目标的前进。正是依靠了这样一批不肯出"圈"的人，国家的建设事业才能一步步不断地前进，尽管这行进的脚步是多么地艰难。

然而，也有一些酷似唐僧的人，他们无视这些"规定"的善意和力量，不肯安于"圈"内，企图迈出去潇洒地走走，结果，直弄了个钱妖缠身，物怪攻心，一个个不能自拔，甚至丢了小命。

② 古人云，没有规矩不成方圆。有了规矩，如果不肯去遵循它并用以约束自己，这方圆又从何而来哉！

① 作者将党纪国法比作"圈"，运用暗喻的修辞手法，非常鲜明地指出了遵纪守法的积极作用和正能量对于国家民族的重要性，铿锵有力。

② 名言警句信手拈来，体现了作者深厚的人生阅历和渊博的文化功底。作者运用了名言警句，强调了纪律规矩法律对于约束自己的必然性、必要性和极端重要性。

延伸思考

1. 为什么孙悟空会在唐僧离开的时候画一个圈，并警告唐僧不要离开这个圈？

_____

_____

2. 作者将孙悟空画的圈与人们要遵守的规定进行了比较。这个比较的目的是什么？作者想要传达什么信息？

_____

_____

3. 通过引用古人的话语，作者强调了规矩的重要性。作者在文章中是如何描述那些不愿意遵守规定的人，请分析作者对他们的看法。

_____

_____

面对草地

名师导读

谈到草地，读者就会联想到吞人的沼泽，想到荒芜，想到绝望，想到一望无际的荒凉。面对这个"千山鸟飞绝，万径人踪灭"的可怕之地，伟大的红军将士凭借着革命英雄主义精神、革命乐观主义精神完成了过草地的壮举，震撼了全世界。

❶ 运用排比和拟人的修辞手法，将花草树叶赋予人类的情感，表达出作者对草地的深深的敬畏之情。

❷ 草地因有伟大的红军才显得不朽。作者运用了排比的修辞手法，突出了红军战士过草地的艰难和不易以及作者对红军浓浓的赞美之情。

面对草地，面对红军走过的草地，仿佛面对历史深处的一簇风景。

① 那些盛开的花，那些衰败的草，那些挺拔的枝，那些枯萎的叶……或芬芳，或苦涩，或摇曳，或凝定，无不成为撼动心魄的一种力量。

长征选择了草地，这是草地的幸运。

② 革命曾经在这里吃苦受难，革命曾经在这里辉煌灿烂。因而，这里才生长出崇高，生长出景仰，才生长出那许多的伟大与不朽。

还记得小学课本上那《金色的鱼钩》吗？它让先烈的精神闪光，它让稚嫩的童心向往。

① 这里是历史的档案馆，这里是革命的资料库。这里珍藏的不只是忠骨、传说和故事，这里还珍藏催人奋进的鼙鼓金号，这里还珍藏照彻心灵的熊熊火光。

如果仅仅是为了寻找先辈的足迹而来，如果仅仅是为了采集华词丽句而来，那就不要来。因为，这样会踩痛历史，会惊醒自以为装满思考的头颅，会惊诧自己的心灵成为一片空白……甚至会让人觉得，喧嚣的尘世与这里是一个太不和谐的音符，会让人发出千百个感慨或者叹息。

感慨吧，草地的空旷已经投影成宽阔的广场；叹息吧，草地的寂凉正在佐证红军的艰难。

草地是一座庭院，从这里走出的人，即使走成了贫穷，精神也富有；即使走成了清瘦，灵魂也健壮。从这里走出的人走成了一群前辈，他们的名字，有的被漫步广场的人吟诵，有的靠了电波的力量，被传播成遥远和永恒……

② 这一条路，弯：是红军走出的一张弓；这一条路，直：被红军走成了弓上的弦。红军意志是拉弓的力，红军理想是弦上的箭。

挟着滚滚风云，裹着遍地花草，理想被放飞了，草地亦被抽出了一条线。从此，这一条线就把草地和天安门连在了一起，和整个中国连在了一起。于是，这里的风云便成了簇拥时代的浪潮；这里的鲜花便开成了一种

❶ 草地再险，也挡不住红军的脚步。作者运用层递的修辞手法，一步一步突出了草地对革命、对红军、对教育后代的巨大意义。

❷ 运用比喻的修辞手法，形象地表现出红军坚强的意志与艰苦奋斗的精神及崇高的理想。令读者深深折服。

笑容；这里的绿草便摇曳成了一面面旗帜……

① 为了人民当家做主的革命理想，红军战士忍受了常人难以想象的苦难。作者运用了拟人的修辞手法，对伟大的长征精神进行了讴歌和赞美。

① 为了寻求甜甜的日子，红军才咀嚼苦苦的草根。这里的草根有功劳，苦涩的汁曾经营养了民族精神，曾经挽救了中国革命。草根却从来不炫耀自己，依旧过一种隐居而平凡的日子。

"野火烧不尽，春风吹又生。"这便是不衰野草的可爱，这便是一种伟大的哲理。所以红军才选择荒草遍布的野地，让野草检阅他们的阵容，让野草验证他们的品格。

最后，野草为红军打了满分。

这里植下许多年轻的生命，这里所以才如此地青翠碧绿；这里埋下的忠骨永不变质，这里所以才永远地肥沃。这里还要生长现代化呢！诞生过崇高和不朽的地方，怎么会生长渺小和没落呢！

延伸思考

1. "长征选择了草地，这是草地的幸运"，联系全文说说草地"幸运"体现在哪些地方？

_____

_____

2. "这里植下许多年轻的生命"试分析"植"的妙用。

_____

_____

3. 第八自然段运用了哪些修辞手法，请举例说明；并结合全文，简析本段抒发了作者怎样的感情。

_____

_____

峡谷竹影摇诗韵

名师导读

　　毛竹是中国最重要的竹种。其竿型粗大、叶片翠绿，四季常青、秀丽挺拔、经霜不凋、雅俗共赏，与松、梅共植，被誉为"岁寒三友"。毛竹在抗日战争和解放战争中为打击敌人做出了杰出的贡献。毛竹的生长给读者以非常有益的启示，那就是要想成功，必须先沉下心来打下坚实的基础。

❶ 作者运用拟人的修辞手法将毛竹比作典型的男子汉形象，非常生动。

　　是峡谷风的沐浴？是江南雨的滋润？① 毛竹，3月破土，4月拔节，5月刚过半，便长成了这典型的男子汉形象：挺直、高大，一株株，一片片，或伫立路旁，或云集谷底，以坚韧刚毅、不卑不亢的个性，向路人宣示自己的存在。这便是我去福建泰宁，在寨下大峡谷第一次见到毛竹时发自心底的惊羡。

　　我爱竹，尤爱江南的竹，却始终无缘去那里看竹、赏竹、细细地品竹。于是，一些竹的画，竹制品，往往就成了我心灵的慰藉。

还在部队时，办公室里有老首长从广西边境带回的一把竹椅。那竹椅已经跟随他多年，扶手上的竹片、竹皮亦已破损，我就用布把它包上，缝好。老首长转业地方了，临走就把它留给了我。那竹椅又伴我多年，直到我调转了单位，还经常回去借故看看它。我的朋友中有不少是画家，可画竹的不多。听说正安先生是画竹高手，便立即向他求画。先生慷慨，二话没说，不几天就送我一幅名为"劲节图"的水墨竹画。我亦立即找画店裱好，挂上厅堂，如今已伴我数载。

时过境迁，那竹椅早已成为记忆；那竹画笔力遒劲，直抵心灵。而眼前这实实在在、生龙活虎般的竹呢，堪称气韵生动，摇撼心灵。

对于毛竹，过去一无所知，见峡谷里一棵棵碗口粗细的毛竹在身旁耸立，以北方人的眼光看，原以为起码也有几岁龄了。问导游方知，凡那些竹竿表面还挂着白霜的竹子，都是当年的新竹。① 进而还获知，毛竹是世界上生长速度最快的植物，45 天时间，就能长到 20 多米高。而后 5 年的时间里毛竹丝毫不长，到了第六年雨季的时候，它便以每天 1.8 米左右的速度向上挺进，15 天左右就可以长高约 25 米，成为竹林中最惹眼的身高冠军。更为奇特的是在它快速生长的那段日子里，处在它周围 10 多米内的其他植物会像接到命令似的都停止了生长。等到它的生长期结束后，那些植物才又获得了生长的权利。真是自然界一大不易为人所知的奇观。

从内行的植物学家那里还得知，毛竹的前 5 年不

❶ 为了讲清楚毛竹生长快的原因，作者运用对比的修辞手法，将前 45 天、之后 5 年及第六年雨季时 15 天生长的情况进行对比，非常有说服力。

是没有生长，只不过是以一种不易被人们发觉的方式在生长——努力地在地下发展。经过 5 年的"地下工作"，一株雏竹的根系已经向周围伸展了 10 多米，向地下也深扎了近 5 米。所以，当第六年雨季到来的时候，它才能够几乎以资源垄断的方式独自生长。而此时，周围其他的植物只能望竹兴叹，眼巴巴望着它长高。

❶ "只要功夫深，铁杵磨成针。"中国谚语早就给我们以深刻的教导。毛竹的生长过程正是这句谚语得以流传千年的佐证。

①毛竹的生长过程或许会给人一种启悟：天人合一，心同自然。只有打牢基础，扎扎实实地做好强壮根系的事情，才会如毛竹一样拥有旺盛的生命力、生长力，直至长成葱葱郁郁的一片风景。这也给人类社会中某些喜好做表面文章、搞面子工程的人不能说不是一种有力的暗示和提醒。

❷ 作者以排比的修辞手法高度赞扬了毛竹与生长环绕的辩证法，如余音绕梁，三日不绝。

穿越了数公里的寨下大峡谷，边看边想，仿佛真的阅读了一部内容厚重的哲学著作。②那里充满了哲理，充满了思辨，充满了对立统一——古老的峡谷与新生的毛竹；皲裂的天岩与新竹的青秀；缓慢的变异与快速的生长……让人品咂不尽。

在植物界，毛竹真的是一个值得赞美，值得骄傲的家族。它不像峡谷里那些藤藤蔓蔓，喜好攀附高枝儿以炫耀自己的高大威风；也不像那些枝枝杈杈，喜好是是非非地叽叽喳喳。而毛竹，独立正直，向上向善，要求得很少，奉献得很多——它驱除了峡谷的空旷寂寥与乏味；竹笋可食，味美，且营养丰富；长大后又可用来织席编篓，制筏做板，就连那条著名的"朱德的扁担"也是毛竹的贡献。

① 毛竹尽管不是这大峡谷的主角，却尽着志愿者的责任。一年四季，无论晴天雨日，它都在一刻不停地演奏那首生命之歌，新生之歌，绿色之歌。

❶ 大峡谷，各种植物无处不在，郁郁苍苍，令人目不暇接。作者以拟人的修辞手法，以最深情的笔触，讴歌了毛竹的丰功伟绩。

延伸思考

1. 人要像毛竹那样，在＿＿＿＿＿＿＿时就打牢基础，才能拥有旺盛的生命力。

2. 文中有"那竹画笔力遒劲，直抵心灵" 的描写，请分析这句话的表达效果。

＿＿＿＿＿＿＿＿＿＿＿＿＿＿＿＿＿＿＿＿＿＿＿＿＿＿＿＿＿＿＿

＿＿＿＿＿＿＿＿＿＿＿＿＿＿＿＿＿＿＿＿＿＿＿＿＿＿＿＿＿＿＿

3. 根据文章的描述，毛竹的生长过程给人什么启示？请简要阐述。

＿＿＿＿＿＿＿＿＿＿＿＿＿＿＿＿＿＿＿＿＿＿＿＿＿＿＿＿＿＿＿

＿＿＿＿＿＿＿＿＿＿＿＿＿＿＿＿＿＿＿＿＿＿＿＿＿＿＿＿＿＿＿

草原日出

名师导读

　　"敕勒川，阴山下，天似穹庐，笼盖四野。天苍苍，野茫茫，风吹草低见牛羊。"茫茫大草原，无边无际。羊在草上走，人在画中游。如此美丽无比的大草原，令人心旷神怡。更加令人心旷神怡的是草原上的日出。如果你也想进行沉浸式体验，那就赶快阅读本文。

　　内蒙古大草原上这一圈兜得，那可真叫够趣儿、够味儿、够劲儿。然而，最够份儿的，能够深深地刺痛我眼睛的，当数草原日出那一幕了。

——题记

❶ 作者运用了明喻的修辞手法，将黎明比作等待分娩的产妇，生动形象，寓意深刻，令人眼前一亮。

1

　　①晶莹的黎明，宛若等待分娩的产妇，仰卧在墨绿色的产床上。

日出是一种诞生。人们静静地恭候着，期待着。

一片浓云飘来，恰如一件紫色衿被，轻轻覆盖上生动的躯体。

① 覆盖制造神秘。越是覆盖，人们越是聚精会神，那目光一刻也不肯离开殷切的等待：先是暗红，继而鲜红——那是生命走出之门吗！它流血了，鲜红的血洇透了衿被。

❶ 作者对人们的神态和日出过程中颜色变化的刻画，生动形象，非常传神！真是神来之笔！

诞生就是新生，是一种不可逆转的走向；诞生就是创造，是创造一切的元始。所以，诞生是美丽的，是生动的。但分娩的过程却是痛苦的。

由此，我想到了前途，想到了人类共同求索的前途；我想到了事业，想到了千千万万人所从事的伟大事业；我也想到了母亲，想到了千千万万母亲的痛苦和辛劳。

2

② 草原的太阳从刚刚诞生那一刻起，它便热烈地燃烧起来。

那紫色的衿被被点燃了，火焰升腾，浓烟障蔽。整个草原的大东方，仿佛被投进了一座熔炉冶炼。

❷ 作者运用了夸张的修辞手法，将草原上太阳出来之后的景象刻画得非常到位，令人身临其境！

草原上勤劳着的是牧民；草原上欢乐着的是牧民。

他们的情思被这熔炉的炽热温暖了；他们的炊烟被这熔炉的火焰点燃了；他们的歌声被这熔炉的光芒照亮了；甚至，连马头琴的悠扬里都熔进了这炉火的质料……

于是，牧民的梦呓便随着炉火的喷薄而生动——

❶ 作者选取了大草原上的马、羊、花等物，以排比的修辞手法，将大草原的热闹、美丽淋漓尽致地表达了出来。

①枣红马在碧绿的草原上奔驰；洁白的羊群在碧蓝的天空下游动；鲜艳的草原花乐滋滋地芬芳。牧鞭声脆，脚步匆匆。一切景物都和着草原日出的节拍而律动，随着草原日出的进程而次第展开。

太阳每天都是新的。从大草原升起的太阳格外鲜艳。这是一个充满激情、充满能量和充满自信的生命体啊！

渐渐，草原朝日旋成了一张精美的唱片，翱翔的鹰仿若那枚划响韵律的唱针。

草原的清晨，荡漾起动人的牧歌。

3

太阳踏上了云层的顶端，把瀑布般的光芒倾尽泻下。大草原被这光芒彻底点亮了，人们的情致被这湿漉漉的"瀑水"完全滋润了。情不自禁，我的整个身心也融入这草原的清晨。

❷ 毫无疑问，太阳出来照耀大地是非常绚烂的。作者运用了明喻的修辞手法，将七彩阳光刻画得美轮美奂，恰如其分。

②太阳继续上升，像一个悬浮的红气球。它扯着一道道五彩霞云，宛如一条条迎宾的彩带，于半空挥舞；刹那间又突掷草原，蒙太奇般绽放成一簇簇婀娜的舞姿。

就这样，太阳以其不可否定的权威性，驱逐了草原上所有角落里的黑暗。

从草原升起的太阳可是那个自亘古走来的大英雄吗？是谁，为什么又把它熔铸成金质的勋章，如此煊赫地缀在了蓝天的胸脯上？

延伸思考

1. 根据文章内容，下列哪个词语最能形容草原日出的景象？（   ）

A. 平淡无奇　　　B. 灰暗阴沉

C. 热烈生动　　　D. 沉闷乏味

2. 作者在文章中通过对草原日出的描写表达了什么主题或情感？请简要解释。

_____

_____

3. 本文运用了哪些修辞手法来描写草原日出？试举两例。

_____

_____

穿越白桦林

名师导读 ▶

　　白桦是一种生命力强大的树种，是天然林的主要树种之一，也是大自然的馈赠。作者在未见到白桦林之前，认为白桦林高洁正直，但当见到白桦林又是另外一种态度，让我们跟随作者的脚步，看看他眼中的白桦林到底是什么样子吧。

　　走进京郊怀柔境内的千亩白桦林，我见了很多，听了很多，也想了很多。本是要写篇《穿越白桦林》诵文的，可到了坐下来动笔时，却只在纸上写了一句："白桦林是大自然馈赠给这里的一笔遗产"，就再也无话可说了。

　　① 怎么就写不下去了呢？是那片白桦林不值得一提吗？

　　白桦林的栖息地是有选择的，它必须在海拔八百米以上地域才能生长。白桦能在这里成林，足以说明

1 作者通过设问的修辞手法介绍白桦林的生长环境，来突出白桦对栖息地环境的要求。"八百米"可见白桦林对生长高度的要求。

它的脚步已经踏上了一种高度，无论它是怎样才攀爬上这高度的。

占据了高度者，总是希望能够被人仰视。然而我在白桦林里却只顾走自己的路，并没抬头多望它几眼。难道就为这，白桦林才不肯给我如意之笔了吗！不给就不给吧。① 反正它轻浮浅薄、风中摆首弄姿、飘飘然张扬自己的那副作派和伪君子模样，原本就没给我留下什么好印象。想到这，只觉得白桦林未免也太世俗了些，太小家子气了些。它的确没有资格，也没有位置来悬挂我投以的仰视的目光。

未进入白桦林前，我曾经这样想象：白桦林白盔、白甲、白戟，犹如威武的军阵。它抗风御寒，它经冬历夏；它高洁正直，它不畏强暴——它质朴轩昂的仪态，会在完全的不经意中，潜入我心灵的家园。当一缕清风拂过，洒落的阳光定会点点滴滴地弹击体肤。这时候，对于心灵干涸的人，它是一池清水；对于孤寂的人，它是一张唱片；② 对于乏味的人，它是一幅多彩的画卷；对于寡淡的人，它是一地醉人的芬芳；对于走进它抑或穿越它的人，它赐予的会是人生的一番生动的感悟和激励。

然而，这美丽的想象破灭了。它所给予的是败枝满地，是乱荆缠足，甚至连它固有的、曾被传诵过的那点秩序和蓬勃，也都不知了去向。

原以为穿越白桦林是人与自然的一次交流，彼此会生发一种心灵的抚摩：我热爱它，钦敬它；它迎迓我，簇拥我。彼此是一种欣赏，是一次生命的互动和灵魂的塑造。

然而——

❶ 这里采用拟人、比喻的修辞手法，把白桦比作伪君子，写出了作者对白桦林极差的印象。

❷ 作者运用了排比的修辞手法，以昂扬激荡的语气、汹涌澎湃的笔触，把对白桦林的想象一股脑儿地刻画了出来，真是势不可当。

❶ 期望越高,失望越大。这是人之常情。作者原是带着十二分的期许才不远千里来赏白桦林的。作者运用自嘲的口气叙写了自己无奈的心理。

❷ 生命还得继续,前方的路还得前行。作者在文章最后以一种无可奈何花落去的心理勉励自己继续行走,相信远方风光正好,与前文遥相呼应。

① 其实也难怪,我与白桦林只是初次相识,本来就没有什么交情,更谈不上投缘。也许,正是由于我对这陌生的白桦林过于奢望了吧,所以才如此地遭遇了它的冷漠和无礼,那份曾有的兴致才被它从希望的高点上推下了深深的谷底。

既然白桦林是祖宗的"遗产",早有专属,或许我压根儿就不该不知天高地厚地对它多情的。面对狂妄傲慢的白桦林,我这样想着,一时竟不知这是自慰呢,还是在自嘲。

白桦林是一道栅栏,它上遮天,它下蔽地。停步这里,生命就会被它禁锢,自由就会被它扼杀。

② 远游的云已经归来。银须飘飘,正静静地端坐前边的山峦。对,也许它们才是心之归处,情之所钟。继续行走吧,相信那里风光正好。

延伸思考

1. 作者最初对白桦林的印象是什么?(   )

A. 威武的军阵   B. 清水之池

C. 生动的感悟   D. 美丽的想象

2. 文中的白桦林被描述为一道栅栏,它代表了什么意象?请简要解释。

_____

_____

3. 根据文章内容,简述作者对白桦林的期望和实际感受。

_____

_____

花开春风里　芬芳斜阳下

——记花鸟女画家王倩

名师导读▶

保尔·柯察金说："生命，对每个人来说只有一次。"这仅有的一次生命应当怎样度过呢？"当回忆往事的时候，不因虚度年华而悔恨，不因碌碌无为而羞耻。"我们每一个人的生命都只有一次，如何让自己的生命在有限的年华里绽放光彩、活得有价值、有意义，是每一位读者都要深思熟虑的事情。本文讲述了一个不负韶华的人物，值得读者朋友借鉴。

在群芳争艳的当今画苑中，女画家王倩是成功的一位。

①63年前，王倩出生于河北定州。从小时候起，她就爱画画。用石块在墙上画，用树枝在地上画，家里凡是能画的地方她都想画。为此，不知挨过父母多少训斥。她从没想过当画家，也没想过出名，她说她只是出于兴趣和喜好。后来她中学毕业，在解放战争的

❶ 开篇简要介绍王倩的经历，便于读者了解故事。

23

连天炮火中参了军，成了一名护士；1954年又转业地方，后调至中国国际广播电台工作，直到离休。多年来，无论多忙多累，她一天也没丢弃过自己对绘画的喜好。

或许是与王倩文静贤淑的脾性有关吧，最初，她喜爱的是仕女画。由于工作繁忙、家务劳累，她只能利用一些零碎时间，漫无边际地用铅笔默默地画，悄悄地画，边画边撕。① 在有幸留存下来的几幅铅笔人物画中，电影演员白杨那微笑的神态、医学专家林巧稚那和蔼的面容，仿佛都在述说着她当年的甘苦。

"我学画没有老师指导，但处处又都有我的老师，那就是书、画和大自然里醉人的风景。"为了学画，她每月都要几进书店，每月都拿出一半以上的工资购买各种书籍、图片、笔墨、纸张等；上班每到工间休息，她总是悄悄用一幅素描来驱逐倦意。② 后来，孩子们大了，不用再太多操心，每天下班回到家里，寂静的夜就成了她在绘画艺术的海洋里独驾舟帆，领略乘风破浪情趣的美好世界。

随着祖国温暖春天的到来，王倩的追求和勤奋得到了电台领导和同事们的关心与支持。为使王倩的绘画艺术更上一层楼，从1984年至1989年，台里一直鼓励她参加海淀老龄大学国画系的学习，并为其出学费。在那里，她系统地学习了工笔创作、写意、书法等基础知识，并得到了田世光、卢光照、李燕等名家的指导。

无心插柳柳成荫。说起报名老龄大学一事，王倩不无感慨地说："以前我从没画过花鸟，当时报老龄大

❶ 没有人能够随随便便成功。不经历风雨，怎么能见彩虹。作者列举了几幅人物画作，从侧面表达了女画家成功的不易。

❷ 由强烈兴趣爱好而生发出来的力量是无穷的，王倩完全沉浸在自己的美好世界，外来一切已经与她无关。

学国画系也是想学画人物，可人家没这个班，只有花鸟班。不妨试试吧，没想到一试还真有了点眉目。"当然，这"眉目"的背后，王倩所付出的艰辛是可想而知的。那时，她还没有离休，要按时上班，按时上课，还要按时完成作业。那一阵子可忙透了，她说自己竟两个月没顾上洗澡。

有人说，画家不一定每幅画都是精品，但每幅画都必须是心的感悟。王倩正是循着这一箴言，进行绘画创作的。①明媚的阳光下，她用心画着，不知不觉天黑了，她慨叹："太阳啊，你为什么走得这么快！"冥冥灯影里，她用情画着，不知不觉天亮了，她恳求："时间啊，再等等我吧！"为了画，她入迷如痴，八年没看过一次电影；为了画，焖在锅里的米饭有时冒了黑烟，煮在锅里的鸡蛋有时成了"煤球"。②只要一进入画境，一天不吃不喝也不知饥渴；儿女们送来的西瓜、桃子、鸭梨、苹果，不知烂掉了多少。她想不起来吃！打开她的衣柜衣箱，看到的不是衣物，而是那浸满心血和汗水的千姿百态、艳丽芬芳的一幅幅花鸟丹青。

几年的孜孜追求，王倩的绘画艺术发生了质的飞跃。她的作业被学校一次次评为优秀；她的花鸟画1990年2月获"首届亚洲妇女画大赛"三等奖；同年秋，在北京举行的"齐白石门下十姐妹书画联展"中，她的花鸟画被国内外观众一下子就买去几十幅。某年4月，中国国际广播电台等单位，在北京军事博物馆为她举办了个人画展，杨成武将军、袁晓园教授为画展剪彩。画展期间，吸引了来自祖国四面八方的参观者。

❶ 女画家王倩对画画的痴迷、对时间的追逐，已经达到不舍昼夜的程度。作者的字里行间洋溢着对女画家深深的敬佩之情。

❷ 作者运用对比手法，详细描绘了王倩进入画境的状态，生动具体地表现了王倩对绘画艺术的沉迷与喜爱，也点明了王倩取得众多成就的原因。

❶ 作者引用观众的留言，高度赞美了王倩画作的不同凡响。

一位来自河北的叫高双乐的观众留言道：① "王倩老师的花鸟画，驱逐了我心中的荒漠。在这里，自己仿佛成了一只飞进百花园里的蜜蜂或蝴蝶……"

❷ 作者引用画家的话语，字里行间洋溢着对女画家不甘平庸、与命运抗争、只争朝夕精神的赞美，从而呼应文章的开头。

在花鸟画的艺术追求中，王倩现正专工牡丹。她说："我毕竟是年逾花甲的人了，衰老正一天天向我逼近，我总感到有一束最美的花，一只最可爱的鸟尚未画出。② 在有限的生命里，我将继续高举意志的火把，拼全力画出那最美的一幅，让它去领略夕阳的灿烂和辉煌。"

延伸思考

1. 根据文章内容，王倩最初喜欢画什么？（　　　）

A. 花鸟画　　　B. 仕女画　　　C. 风景画　　　D. 抽象画

2. 文中提到的王倩在绘画中付出的艰辛和奉献表达了什么？

_____

_____

3. 请分析王倩成功的原因有哪些？这些原因对你有哪些启示？

_____

_____

第二辑
披满敬意的身影

　　一场生动感人的报告会在热烈的掌声中结束了。你面向听众，深深地一躬，转身走下了讲台。望着你离去的背影，那一抹红色仿若一束燃烧的火苗，又去了边防，又去了哨所，又将去照亮一个又一个战士的心灵……

作家带你练

【2020 年湖南省郴州市永兴县树德中学语文试卷】

阅读下面文章，回答问题。（15 分）

峭壁上的树 [1]

①是为了摆脱那饥寒交迫的日子，你才无可奈何地跳下悬崖？是为了免遭那场被俘的耻辱，于弹尽粮绝之后你才义无反顾地投落这峭壁？

②那一天你确实跳下来了，像俯冲捕猎的雄鹰，像划破静夜的流星。然而，你并没有死，一道峭崖壁缝救助了你，一捧贫瘠的泥土养育了你。生根，发芽，长叶……从此，你就在这里安家落户，日日夜夜，年年岁岁，终于顽强地活了下来，长成一簇令人刮目的风景。这便是故乡那座大山的悬崖峭壁上的一棵摇曳在我记忆中三十年之久的酸枣树。

③它高不足尺，叶疏花迟。云缠它，雾迷它，雨抽它，风摧它，霜欺雪压，雷电轰顶。然而，酸枣树并没有被征服。它不低头，不让步，于

---

[1] 原文标题为《峭壁上，那颗酸枣树》，在选入试卷中有修改。

数不尽的反击和怒号中，炼就了一身铮铮铁骨，凝聚了一腔朗朗硬气。

④一次次，它在风雨中抗争呐喊；一回回，它把云雾撕扯成碎片；它以威严逼迫霜雪乖乖地逃遁；它以刚毅驱逐雷电远避他方。

⑤它明知道自己成不了栋梁高树，却还是努力地生长；它明知道自己不可能荫庇四邻，却还是努力地茂盛着。不像山前的桃树，山后的梨树，一个个娇生惯养让人伺候、抚慰，动辄就使性子给点颜色瞧瞧；也不像贪图热闹的杨树柳树们，一个个占据了水肥土美的好地方，便忘乎所以地摆首弄姿，轻飘飘只知炫耀自己。酸枣树默默地兀立着，不鄙位卑，不薄弱小，不惧孤独。与春天紧紧握手，与日月亲切交谈，天光地色，尽纳尽吮。从不需要谁的特别关照与爱抚，完全依靠自己的力量，长成了那堵峭壁上的生命，让人领略那簇动人的风采。它真诚而没有嫉妒，它纯朴而从不贪婪；抬手向路人致意问候，俯首向胜利者恭贺祝福。

⑥那一年秋天，于不知不觉中，它竟结出一粒小小的酸枣。只有一粒，而且几乎小得为人们所不见。

⑦那酸枣是春光秋色日月星辰的馈赠，是一片浓缩的丹霞霓云。亮亮的，红红的，像玛瑙，像珍珠，像一团燃烧的火焰，像那万仞峭壁的灵魂。见到它果实的那一刻，我陡地生出一个奇怪的想法：小酸枣，或许正是那棵酸枣树苦修苦熬数十年而得到的一颗心吧！有了心，它便会有梦，便会更加热烈地拥抱世界了。

1. 本文的行文线索是：＿＿＿＿＿＿＿＿＿＿＿＿＿。（1分）

2. 文中"像俯冲捕猎的雄鹰"，"长成一簇令人刮目的风景"，"像万仞峭壁的灵魂"，其中加点的"雄鹰""风景""灵魂"分别指什么？（3分）

＿＿＿＿＿＿＿＿＿＿＿＿＿＿＿＿＿＿＿＿＿＿＿＿＿＿＿＿＿＿

＿＿＿＿＿＿＿＿＿＿＿＿＿＿＿＿＿＿＿＿＿＿＿＿＿＿＿＿＿＿

3. 文章的前四段从哪两个方面写了酸枣树生存条件的恶劣？请用简洁的语言概括出来。（4分）

＿＿＿＿＿＿＿＿＿＿＿＿＿＿＿＿＿＿＿＿＿＿＿＿＿＿＿＿＿＿

＿＿＿＿＿＿＿＿＿＿＿＿＿＿＿＿＿＿＿＿＿＿＿＿＿＿＿＿＿＿

4. 从第五段中找出具体体现"不鄙位卑,不薄弱小"的语句,抄写在横线上。（3分）

＿＿＿＿＿＿＿＿＿＿＿＿＿＿＿＿＿＿＿＿＿＿＿＿＿＿＿＿＿＿

＿＿＿＿＿＿＿＿＿＿＿＿＿＿＿＿＿＿＿＿＿＿＿＿＿＿＿＿＿＿

5. 文章的第五段写酸枣树的同时还写了桃李杨柳，运用了什么手法？有什么作用？（4分）

＿＿＿＿＿＿＿＿＿＿＿＿＿＿＿＿＿＿＿＿＿＿＿＿＿＿＿＿＿＿

＿＿＿＿＿＿＿＿＿＿＿＿＿＿＿＿＿＿＿＿＿＿＿＿＿＿＿＿＿＿

老人与鸟

名师导读 ▷

　　这篇叙事散文，视角独特，叙事生动，心理刻画惟妙惟肖，令人爱不释手。如果你也喜欢的话，就一起来阅读吧。

　　走出黎明的太阳，把光束刚刚搭上楼群的墙壁，这里的鸟儿们就歌唱起来了。

　　①鸟儿们是在等候一位恩人；鸟儿们正演奏一支迎宾曲，在迎接一位朋友的到来。

　　恩人出现了，远远地，他骑着一辆小三轮车，上边放着两只口袋，口袋里分别装着小米和高粱米。

　　朋友来了，朋友来到了楼群之间。朋友慢慢迈下三轮车子，又慢慢从口袋里掏出小米和高粱米，东一把，西一把，前后左右，一把一把地撒。等撒够了，朋友

❶ 作者运用了拟人的修辞手法，把鸟儿感恩、等待老人的画面刻画得栩栩如生。

再看看树枝上正友好地望着自己的鸟儿们，骑上自己的三轮车，又慢慢地走了，去了另一个他该去撒米的地方。

鸟儿们被朋友的举措感动了。鸟儿们的歌声更加响亮优美。①鸟儿们不知道朋友的名字。于是，在一个晨光明媚的时刻，笔者特意等候在那里，替鸟儿们打听到了这位朋友的情况。

朋友姓翟，是一位退休工人，已经85岁高龄了。

老人从年轻时就喜欢鸟，退休后曾经在家里养过一阵子。养着养着，②老人发现，把鸟儿囚在笼子里，让鸟儿失去自由，这不是真的爱鸟。鸟是会飞的生灵，鸟是自由的精灵，如果真心爱鸟，就应该给它一个自由飞翔的天空。

养鸟不如喂鸟，老人一下子悟出了这理儿。于是，就在十几年前的一天，老人把自己喂养了很久的几十只鸟，全都放到院子里，训练它们自觅其食，让它们学习飞翔的本领，谁学会了，谁的翅膀硬了，谁就先飞走。一只，两只……老人眼望着一只只鸟儿飞向了天空，老人的心思亦随着它们飞向了远方。

③鸟儿们飞去了哪里？鸟儿们的生存状况怎样？老人的心时常牵挂着那些飞走的鸟儿。从此，老人就每天都带上鸟儿们爱吃的小米、高粱米，从自己居住的地方开始，走一处撒一处，最多时一天能撒出五六斤呢。细心的人们或许已经发现，在公园的绿荫下，在城区的某个空地上，在一个个曲径通幽处，在他力所能及的一个个角落……有一位老人，正骑着一辆小三轮车，

❶ 作者运用拟人的修辞手法，将人与鸟类和谐相处的温馨刻画得非常感人。

❷ 这段话富有哲理，令人深思。鸟儿应该自由自在飞翔在天地间，而不是束缚在笼子里。也告诉我们尊重天性的人生哲理。

❸ 老人与鸟儿的关系早已水乳交融。作者运用了设问的修辞手法，表达出老人爱鸟的心情。知我者谓我心忧，不知我者谓我何求，说的可能就是老人吧。

不时地停下来，掏出装在口袋里的米，不断地撒，不断地撒……

　　无数个春夏秋冬，无数个风吹日晒，他从没有停止过自己的行动，尽管他的步履已经蹒跚……

延伸思考

1. 文中的故事传达了什么价值观念或主题？请简要解释。

_____

_____

2. 为什么老人认为"养鸟不如喂鸟"？

_____

_____

人才断想

名师导读▶

从古到今，人才都是极其稀缺的重要财富。《后汉书·周举传》有这样一句话："昔在前世，求贤如渴。"充分说明人才的重要性。文章中作者从多方面介绍自己对人才的看法，下面我们一起去看看吧。

人才是出于岸之堆，是秀于林之木。

纵论历史，横观天下，凡有识有为之士，无不把选贤用能（即人才）作为其成就事业的一大要道！

① 人才是金子，寻找人才需沙里淘金；人才是宝石，得到人才要深山探宝；人才是美玉，识别人才要去伪存真。所以，人才并非满街筒子的萝卜白菜，到处都是。那些自我标榜如何"人才"的人，不一定有真才。因为，才真者从来不好鼓噪。

千军易得，一将难求。我们的古人早就悟到人才的珍稀。

① 作者运用了对比的修辞手法，突出了真正人才的奇特之处；又运用了暗喻的修辞手法，突出了人才如金子、宝石一般地珍贵。

34

宁吃鲜桃一口，不食烂杏一筐。善于从生活中提取幽默的当代人亦如是说。

因为，深谙事理的人们懂得，在这充满激烈竞争和生死较量的世界上，实质上是人才的竞争和较量，是人才的素质和能力的竞争和较量。

① 人才是报春的花蕾，人才是寥落的晨星，人才是人类的精华。

与其说事在人为，莫如说事在能人所为。亘古达今，人类文明史上的那许多辉煌与灿烂，有哪一处不是彼时彼刻的能人所为？

爱才、识才、惜才、用才，这是人才生长的土壤、条件，同时亦叠印着用人之道的曲折。

② 昏聩平庸者不爱才。因为他们满足于既得利益，不思进取，什么人才庸才，在他们看来，统统不过是一群吃饭睡觉说话走路的肉体而已。这便是许多人才常被埋没的实质所在之一。

层次浅俗的人不识才。因为他们缺少识才的本领，甚至会把黄铜当成金子，把珍珠视为鱼目。这也是有人常把妖魔鬼怪错当人才用之的原因之一。

无使命感、无责任心的人不惜才。这样的人是败家子，在他们看来，人才可有可无，简直多余，有他是负担，没有倒轻松。致使不少人才被抛弃，甚至会有良才者阶下囚、平庸者座上客的怪事发生。

唯有用才，是忧国忧民、大睿大智者们的一种美德。他们把发现人才看作自己对社会的义不容辞的责任，所以小荷才露尖尖角，早有蜻蜓立上头；他们视

❶ 作者运用了暗喻的修辞手法，对人才的重要性进行了讴歌和赞美。

❷ 作者对昏聩平庸者不爱惜人才的原因和心理进行了客观的分析和论证，指出了许多人才被埋没的原因，入木三分，直击要害。

任用人才为自己对人类进步和发展的莫大贡献，所以，才能不拘一格降人才……

物以类聚，人以群分。鱼找鱼，虾找虾。不错，发现和任用人才的确需要一种境界。那种一刀切，用一种模式去尺度、剪裁"所有"的做法，无疑是对人才的亵渎和浪费，是对人们美好心灵的摧残或折杀……

① 珍惜人才吧。人才是社会的财富，是民族的瑰宝，切不可把他们顺手遗弃，随处乱抛……

② 如果说人类的发展和进步事业是一支进行曲，任用人才可谓是这乐曲中的一个个音符。每一个音符都被安排得很合适吗？每一个音符都是不可或缺的人才吗？回答是：否！正如光明的太阳下必定产生阴影一样，在人们以十二分的虔诚和认真对待人才的时候，一些假冒伪劣货色便也乘虚而入。他们或靠自荐，或靠张扬，或靠了上层图谱中某些要员那么"亲"了一下，便把自己打扮成了"人才"的模样。对于这种人，切不可掉以轻心。

③ 这是一种什么样的人呢？

他们言过其实，为所欲为；思想僵化，昏聩平庸；拉帮结派，嫉贤妒能；吹牛扯谎，好大喜功；巧舌如簧，阳奉阴违；要官要利，厚颜无耻；贪婪自私，急功近利；刚愎自用，自命不凡；文过饰非，推卸责任；欺软怕硬，溜须拍马；是非不分，八面玲珑；胸无大志，鼠目寸光……

这样的人绝非人才，切勿让他们扰乱了我们的阵脚。少用一个这样的人，我们的事业就会蓬勃、发展一步。

❶ 作者深深懂得人才对于地方发展、社会进步、人类文明的未来之重要性，运用了呼告的修辞手法，呼吁全社会重视人才。

❷ 作者运用了暗喻和对比的修辞手法，提醒世人警惕社会上的假冒伪劣的所谓人才，要用慧眼进行识别。

❸ 对于如何识别假冒伪劣的人才这个命题，作者运用了设问的修辞手法，从多个方面罗列出他们的特征，特征鲜明。

延伸思考

1. 阅读文章，分析"人才是报春的花蕾，人才是寥落的晨星，人才是人类的精华"一句有何作用。

_____

_____

2. 文章倒数第二段和第三段有何作用，请简要叙述。

_____

_____

说不尽的沂蒙红嫂

名师导读 ▶

沂蒙山是国家 5A 级景区，更是革命老区，为抗击日寇打败日本鬼子、打倒蒋介石解放全中国做出了杰出的功绩。这胜利的背后有无数的红嫂默默地做出努力，因此军功章也有沂蒙红嫂的一半。本文详细记录沂蒙红嫂的点点滴滴，令人震撼。

❶ 虽然时间已经过去七八十年，沂蒙红嫂救助八路军受伤战士的故事依然震撼了今天无数人的心灵，使人对沂蒙红嫂更加敬佩。

① 在沂南县岸堤镇岸堤村有位普通的大嫂叫明德英，她曾用自己的乳汁救活了两名身负重伤的八路军战士。作家刘知侠根据这一真实故事，于 20 世纪 60 年代创作短篇小说《红嫂》，小说发表后震撼了无数心灵。一时间，红嫂的戏、红嫂的歌、红嫂的舞，红遍华夏大地。

前不久，我揣着一颗敬仰的心，踏着遍地秋色，来到这片英雄的土地。发现那里的"红嫂"原来是一个群体，几乎"乡乡有烈士，家家有红嫂"。当年，把

"最后一碗米送去做军粮，最后一尺布送去做军装，最后一件老棉袄盖在担架上，最后一个亲骨肉送去上战场"，正是这些红嫂的真实写照。

❶一路上走着、望着、听着、想着，我的心在颤抖，眼泪在流淌。一个个动人的故事，一件件珍存的旧物，一幅幅生动的画面，恍若沂河涌动的浪花不停拍打着心岸，战火中的过往仿佛就在眼前。

❶ 作者以最生动的笔触，最震撼人心的心理刻画，表达出最深沉的爱国情愫。

1941 年秋，八路军战士郭伍士奉命去侦察敌情，不料被潜伏的鬼子兵发现，他躲闪不及，连中 5 枪，倒地后又被敌人连捅两刀……当他苏醒过来时，发现自己躺在山洞里，身边坐着一位大娘。他心里明白，是大娘救了自己。他想哭，无泪；他想说，说不出。当大娘把做好的稀粥喂给他时，他却怎么也咽不下去。❷大娘就用手指扒开他的嘴，发现他被鬼子兵打掉的两颗牙还堵在喉咙里。牙抠出来了，郭伍士能吃点东西了。大娘看到恢复中的郭伍士身体虚弱，就杀了自家唯一一只下蛋鸡。人们熟悉的歌曲《我为亲人熬鸡汤》，就来自这位大娘的义举。

❷ 作者通过对大娘救助八路军战士的详细描写，刻画了一位善良、热心支持革命的沂蒙红嫂形象，令人动容。

在大娘的精心护理下，郭伍士的身体渐渐恢复。后来，他被送往八路军后方医院治疗。临别时，大娘含泪嘱咐他，不管到了哪里，要给大娘捎个信来。

郭伍士在他的一篇回忆录里说："我康复后就跟着部队上了前线。因身体原因，于 1947 年复员回到山西老家。"在老家，他心里始终想着念着的就是救命恩人临别时的嘱咐。于是，他在老家没住多久，便决定移居沂蒙，去寻找救命的大娘。

当初郭伍士转去后方医院时，只记住了救命大娘，却没问过恩人姓名，也不知道养伤时山乡的名字，更不知道那座山的模样，这让郭伍士在"寻亲"路上一走就是八年。郭伍士挑着酒篓，边卖酒边寻亲，一个乡一个乡地转，一个村一个村地问，一座山一座山地找。寻找中，①一位好心的大娘曾经对他说："孩子，别找了，那个时候，我们这地方救过八路军战士的人多了去了。"但郭伍士不改初衷，决心要找到救命恩人。又一位大娘对他说："几年都没找到，别再找了。恩情像流去的水，是不图回报的……"

②上天不负诚实守信的人，到了 1956 年，郭伍士终于在沂水县桃棵子村找到了当年的救命恩人祖秀莲。一见面，郭伍士就跪地磕头，把祖秀莲叫娘。祖秀莲也毫不迟疑地认下了这个思念中的儿子，后来还为郭伍士盖房安家。从此，郭伍士便落户桃棵子，直到去世。

20 世纪 80 年代读过一篇小说《战争让女人走开》。其实，那些忠诚于国家、深怀民族大义的女人，是不会走开的。在走访红嫂的路上，就遇到了无数不肯"走开"的红嫂。当年，她们缝军衣、做军鞋，抬担架、救伤员；她们迈着小脚，推着小车，和男人一样往前线送粮送水送弹药。一双双小脚开始还感觉到疼痛，后来就感觉不到痛了。几天下来，当打开裹脚布，她们的鞋子被血染红，脚指头被磨得露出了骨头……

③在当代红嫂朱呈镕自筹资金建起的"红嫂文化博物馆"里，有十几块门板，十分引人注目。这些门板曾经作为担架一次次抬过我军伤员。一位老将军看

❶ 作者以淳朴的语言、直观意思的表达，生动体现沂蒙革命老区人民热情、爽朗、不求回报的深厚情怀，这就是植根于沂蒙大地的文化。

❷ 作者用质朴的语言叙述了郭伍士找恩人成功的故事，使人热泪盈眶。

❸ 作者通过叙述红嫂自筹红嫂文化博物馆的举动和老将军的血泪记忆，再一次赞美了沂蒙红嫂。

到后泣不成声，将军说，他当年战场负伤，就是红嫂们用门板把他抬下来的，大恩大德，终生都不能忘记！那门板上虽然不着一字，却记录着峥嵘岁月，记录着无数可歌可泣的往事。

孟良崮战役期间，红嫂们接到命令，我军一支千人突击队要通过汶河，上级要求必须在规定时间内为突击队架起通行的桥梁。时间紧，哪来的架桥材料呀！于是，三十二位红嫂就把自家门板卸下搬来，抬着门板，蹚着冰冷的河水，一起走进齐腰深的水中。她们以人为桥墩，硬是架起一座人桥。当千余突击队员全部通过后，红嫂们的双腿都已麻木得失去知觉，有的落下残疾……

①走在叩访红嫂的山路上，我在想，红嫂们的壮举作为沂蒙英雄颂歌里的一个美丽音符，是什么力量让她们做出连男人都需要思量一番的选择呢？是贤良、是道义，是几千年中华优秀文化的滋养，让她们如此坚强、坚定、坚韧，用乳汁救护子弟兵、用信念战胜困难、用牺牲迎接光明。

在纪念馆展墙上有这样一幅照片，女的叫梁怀玉，男的叫刘玉明，他们都是莒南县洙边镇人。1944 年，八路军部队急需补充兵员，青年刘玉明第一个报名参军。在他带动下，全村十一人报名参军，全县 1488 人入伍。②刘玉明参军的举动打动了同村女青年梁怀玉的芳心。不久，她与刘玉明拜堂成亲。第二天，新娘就把新郎送入开赴前线的队伍。刘玉明参军后，梁怀玉承担起妻子的责任，在家精心侍奉年老多病的公婆，

❶ 作者通过设问的修辞手法，找到了沂蒙红嫂壮举背后的深层次原因。这就是中华文化的精神魅力。

❷ 这样的壮举有很多，但是通过作者详细的、具体而细微的叙述，依旧让人感受到强烈的震撼。

在外忙碌繁重的农活，而且组织起"识字班"，抬担架，做军鞋，支援八路军抗日。

更令人感慨的是一位红嫂，她被称为"永远的新娘"，是蒙阴县李家保德村人，名叫李凤兰。17岁时与邻村青年王玉德订下婚约。王玉德母亲说："俺两个儿子参加抗日都牺牲了，最小的儿子玉德又参了军，俺得给他娶个媳妇，也好留个后代！"经两家人商量，定下成婚的日子。① 可结婚的日子到了，王玉德却没能从部队上回来，便依当地风俗，由嫂子怀抱大公鸡，陪她拜堂成亲。就这样，从未见过新郎面的李凤兰成了王玉德的新娘。从此，新娘李凤兰一边尽孝侍奉婆婆，一边心系前线。在为队伍做军鞋时，她还特意为丈夫做了不少绣着红心的军鞋，盼望丈夫能够穿上它，打胜仗。

莱芜战役结束，海南岛解放，朝鲜战争的枪炮声也停下来了。李凤兰每次都到政府焦急地询问："俺那口子怎么还不回来呀？""王玉德走远了。"工作人员每次都这样回答她。直到1958年，李凤兰苦等苦盼12年后的一天，县民政局给家里送来一本鲜红的烈士证。原来，王玉德已在莱芜战役中光荣牺牲！捧着烈士证，娘俩哭得死去活来。② 婆婆说："闺女呀，你还不到30岁，伺候俺这么多年了，俺怎么死你都对得起俺了，你就找个好人家嫁了吧……"李凤兰哭着给婆婆跪下说："娘，你是烈士母亲，俺是烈士家属，俺要替玉德尽孝，给你养老送终，娘俩一起过吧……"李凤兰精心侍奉婆婆，直到婆婆寿终。2008年，一辈子

❶ 通过作者细腻笔触的深刻描绘，我们能体会到那个特殊年代沂蒙老区人民对待革命特别朴素、特别真诚的情感。

❷ 作者用李凤兰和婆婆之间的对话，体现了沂蒙红嫂的质朴真挚和善良，令人伤心落泪。

没见过丈夫的李凤兰，走完了自己无悔的一生。

说起红嫂，沂蒙人心里都揣着一本账，个个能说出一大串名字。比如沂蒙六姐妹、垛庄四大娘、智闯虎穴的刘玉梅、爆破女队长公成美……她们抬担架、救伤员、做军鞋、摊煎饼，收养八路军后代……作为抗日战争、解放战争鸿篇巨制里的一个细节，起着一丁一卯不可或缺的作用。

①沂蒙红嫂，从一滴乳汁开始，有如清泉浩荡。说不尽的红嫂又如一粒粒发芽的种子，在大地上呈现勃勃生机。她们莹洁的心灵，映亮天地。她们火热的情怀，温暖人间。

❶ 沂蒙红嫂是中华文化里一颗特别明亮的符号。作者以比拟的修辞手法，以真诚的感情讴歌了沂蒙地区红嫂的丰功伟绩。

延伸思考

1. 为什么说沂蒙红嫂是一个"乡乡有烈士，家家有红嫂"的伟大群体？

_____

_____

2. 请简要概述一位红嫂的故事，并分析其精神。

_____

_____

姐姐出嫁

名师导读▶

中国自古有人生四大喜事之说：久旱逢甘霖、他乡遇故知、洞房花烛夜、金榜题名时。按照常理，姐姐出嫁是人生大事，是大喜事，但是这要看是在什么时代背景下。那个特殊的年代，那个贫困的家庭背景，姐姐出嫁多少都带有交易和无可奈何的悲伤。这喜事的背后掩盖着多少的痛苦和无语啊！

我有两个姐姐，这里说的是大姐。

大姐长我十四岁，她出嫁时刚满十八。当时我还小，朦朦胧胧记得的，是她出嫁时穿的那件紫色裙和她悲怆的哭声。

别人家的姑娘出嫁，都穿大红衣服，大红裙子，而姐姐之所以要穿紫色衣裙，是因为母亲去世还不到一年，全家人正为她戴孝，红色是万万不能穿的。① 至于姐姐为什么哭得那么伤心，当时我一点儿也不懂她的心思。

① 姐姐出嫁，是大喜事，理应开开心心的，可是姐姐为什么会哭呢？作者借此提出疑问，勾起了读者的悬念。

　　按照家乡的习俗，姑娘出嫁离家的时间要选在晚上子夜时分。姐姐临嫁的那天，天刚黑，邻居家的嫂嫂、姐姐们就来了。她们有的帮姐姐梳头，有的为姐姐试装。我还记得邻家二嫂在姐姐脸上先扑了一层白粉，然后把一根棉线的一端咬在嘴里，把另一端分别缠在两只手的几个手指上，形成一个张开的剪刀状。就这样，二嫂在姐姐的脸上就那么一松一紧的，把她额上、腮上、两颊以及唇上、下颚上的细细的绒毛一片片地铰掉。姐姐说不疼，可我看着心疼，几次要拉开二嫂的手，都被姐姐制止了。二嫂的这种做法，后来我才知道，所有人家的姑娘临出嫁时都要经历这么一道关，这是铰脸，也叫开面。

　　看得出，当时姐姐是不怎么想嫁人的，因为她毕竟才只有十八岁，而且还由于给母亲治病借了婆家的钱，也怕嫁到人家后受气。姐姐直哭，不想吃饭。①不知道是谁为姐姐煮了两个鸡蛋，可她不肯吃，说留给小五子吧。接着就把我叫到跟前，一手把我揽在怀里，一手把剥了皮的鸡蛋一点点地喂给我吃。那时候我家的全部家当也许就只有这两个鸡蛋了，可记事却并不懂事的我，竟理所应当地吃掉了它。而姐姐呢，似乎是饿着肚子嫁到了婆家。直到现在，每每想起此事，我心里都有一种说不出的歉疚。

　　那天晚上，我本来说好一定要等到姐姐出嫁走了我才睡觉，可谁知熬着熬着便不知不觉地睡着了。等大人们把我叫醒时，见姐姐已经穿好了新娘装，正准备蒙上盖头上花轿呢。

❶ 作者通过对姐姐不多的语言描写和动作刻画，体现了刚满十八岁姐姐的懂事、乖巧和对弟弟照顾的细心，令人动容。

姐姐见我醒了，便蹲下身，把我轻轻揽在怀里。昏暗的油灯光下，姐姐的泪水止不住地流。也许因为有父亲在身边吧，姐姐才没敢哭出声来。是的，那时父亲在他的儿女们面前有一种不可冒犯的威严，我们都很害怕他。

姐姐坐在椅子上，由几位堂哥先抬到花轿边，然后才让她上轿的。姐姐临上轿前把头还扭了一下，因为她蒙着盖头，我没看见脸。① 我想她一定是想看我一眼，因为，我是我们兄弟姊妹中最小的一个，而且早早地就失去了母亲，应当说姐姐确实给了我很多的母爱。

❶ 出嫁的姐姐是大姐，对弟弟小五十分关心和疼爱，最基本的原因就是小五失去了母爱，大姐就不自觉地充当了母亲的角色。

姐姐出嫁走了，我一直送她出了胡同口。

暮秋的夜，凉风瑟瑟，远远地，我听见花轿里传出了姐姐的一声长长的恸哭。第二天，听送亲回来的人说，姐姐整整哭了一路，谁都劝不住。

② 姐姐的哭，我是长大后才逐渐明白的：她是在思念逝去的母亲，她是在牵挂我这个年幼的弟弟，是在为我们这个贫寒的家而哭，也是在为自己多舛的命运而哭。

❷ 作者没有华丽辞藻的堆砌，没有各种高级修辞手法的运用，而是用平淡的语言叙述了姐弟情深，令人不胜感慨。

延伸思考

1. 这篇文章中，大姐为什么哭得那么伤心？请根据文章内容回答。

_____

_____

2. 文章最后一段中提到"姐姐的哭，我是长大后才逐渐明白的"，请根据你对文章的理解，分析作者从姐姐的哭声中领悟到了什么。

_____

_____

3. 请简要分析作者通过姐姐出嫁的描写，抒发了什么样的感情。

_____

_____

小汪清的英雄气

名师导读▶

　　历史是珍贵的财富，它激发我们对国家尊严和民族精神的强烈认同，令我们砥砺前行；同时，我们更应该铭记那些为民族独立和人类尊严而奋斗的英雄，他们是我们永远的楷模和榜样。作者在本文中提供了大量的、材料确凿的抗战史料，还原了那段历史和那些英雄事迹。让我们一起来看一看吧。

❶ 本文的题目设计非常精巧，引人入胜，体现了作者的良苦用心。为避免读者误解，作者开篇就进行了非常详细的解释说明。

①　小汪清位于吉林省汪清县境内。它不是一村一寨一屯一户的具体名字，而是一处抗日游击区根据地。由于当时东满特委机关与中共汪清县委在这里合署办公，且离县城较远，所以人们都习惯地称其为"小汪清"。

　　走进小汪清，踏访这片被抗联战士鲜血浸染过的土地，一种震撼、感慨、崇敬之情，油然而生；同时，那种荡漾在这里的一股英雄气，也不停地拂动瞻仰者的心灵。是的，逝者已去，但他们不屈不挠英勇抗敌的大无畏精神却永存世间。

1

当年的大梨树沟、现在的红日村村口，生长着一棵老榆树。这棵树年过百岁，依然枝繁叶茂、郁郁葱葱，有如一位岁月老人见证着发生在这里的"曾经"。

①金相和是中共汪清县第二任县委书记，牺牲时只有三十一岁。第一任县委书记牺牲后，他便担起了县委书记的重任。由于小汪清一带抗敌坚决，游击队活跃，引起日伪军恐慌。有一天，他们调集六百多日伪军前来围剿，金相和不幸被捕，同时被捕的还有八十多名青壮年。敌人严酷审讯金相和，问他是不是共产党员，要他说出游击队和武器弹药的藏身之地。金相和始终一言不发。敌人见问不出什么，就把他和另一名被捕的村干部韩永浩关了起来。两个人商量，为避免一旦受不住酷刑泄露了党的机密，便决定一起自杀。就在金相和自杀时，被看守发现。这时的金相和已血流不止，口不能言。于是他用手势让敌人拿来纸笔，写下一段文字："我和韩永浩是共产党员，其余的人都是无辜百姓，你们应该放了他们。"

②正如一位诗人说的，"有的人活着，他已经死了。有的人死了，他还活着"。只当了十五天县委书记的金相和壮烈牺牲后，人们隆重地安葬了他，并且把他的英雄事迹编写成歌曲，至今还被小汪清人传唱。

2

密营是当年抗联战士战斗和生活的地方，也是小

❶ 作者介绍了抗日英雄金相和的英勇事迹，激发了读者的爱国情怀。

❷ 作者引用了臧克家的名句，总结了两种人生归宿，讴歌了金相和璀璨的一生，抒发了对抗日英雄金相和由衷的赞美之情。

汪清的珍贵遗存。在通往密营的山路上，"遇见"了许多可歌可泣的抗日英烈，他们或被塑成雕像，或事迹被刻成碑文。

其中，一个名叫金锦女的女孩，曾被抗联战士称为"小百灵"。她惨遭日寇杀害时年仅 12 岁。

① 金锦女的家，距小汪清百里之遥。一天，日寇来扫荡，见人就杀，父亲急忙把她藏进猪圈。就在父亲转身要去救护金锦女的哥哥弟弟的时候，鬼子闯进了他们家。金锦女幸运地躲过一难，但她目睹了父母亲和哥哥弟弟一家六口被日伪军杀害的过程。金锦女在学校是儿童团员，早就听说过小汪清是抗日根据地，② 于是她就一个人一直向着人们传说的小汪清方向走，她要加入抗日队伍，为全家人报仇。整整走了三天，她终于找到了位于小汪清的县政府和游击队。她哭诉了家里发生的不幸，游击队立即收留了她。在游击区，金锦女当上了儿童团长。金锦女是位朝鲜族女孩，喜好歌舞，她还把自家遭遇编成文艺节目在游击区演出。

1934 年初的一天，县委要向敌占区传达一份密件，经慎重考虑，决定派 12 岁的金锦女去完成任务，这样不易引起敌人的警觉。当金锦女完成任务返回游击区时，不幸与日寇遭遇。鬼子兵盘问她，还用糖果哄她，要她带路去找游击队。③ 家仇国恨，立刻引燃了金锦女仇恨的烈火，她不顾一切地向鬼子扑去，用手抓鬼子的脸，用嘴咬鬼子的手……凶狠的鬼子兵就用木棍打她，用石头砸她……两天后，当游击队找到金锦女时，发现她全身都是伤……

❶ 金锦女目睹了侵华日军杀害亲人的过程，作者通过详细刻画侵华日军入侵百姓家的全过程，激发读者爱国精神。

❷ 作者对金锦女为家人报仇的心理进行了刻画，对其采取的行动进行了叙写，令人动容。

❸ 作者对金锦女反抗侵华日军的心理、动作进行了详细的描写，体现了中华儿女的铮铮铁骨和顽强斗志。

鬼子残酷的杀戮，引燃了游击队员抗击日寇的怒火，他们斗争的决心更大了。

3

① 仲秋的阳光已把无数斑斓涂抹于山林，那些染红的枫叶更是耀眼，恍若一簇簇火红的花束，敬献在抗联烈士的墓前。

在踏访密营的崎岖山路上，有一尊塑像和一段碑文倏地跳入人们眼帘：

亲爱的中国游击队同志们：

　　我看到你们分散在山沟里的传单了，知道你们是共产党的游击队。你们是爱国主义者，也是国际主义者。我很想和你们会面，去打倒共同的敌人，但我被法西斯野兽们包围着，走投无路。我决心自杀了。我把运来的 10 万发子弹赠送贵军，它藏在北面的松林里，请你们瞄准日本法西斯射击。我身虽死，但革命精神永存。祝神圣的共产主义事业早日成功！

　　日本关东军间岛辎重队、日本共产党员伊田助男

　　　　　　　　　　1933 年 3 月 30 日

② 原来，在小汪清的一次伏击战后，战士们抬回了一具日本兵遗体。人们不解，那可是我们的敌人呀！可当看到这位叫伊田助男留下的遗言后，战士们顿生

❶ 仲秋的阳光，密密的山林，染红的枫叶，这些特定的景色为歌颂抗联烈士的丰功伟绩做了很好的衬托。

❷ 对于这样一个帮助中国人民抗击侵华日军的日本人，中国人用最隆重的礼遇对待他，体现了中华民族爱憎分明、善良的品格。

敬意，十分隆重地安葬了他。后来游击队又把伊田助男的事迹逐级上报，1935年莫斯科的《救国时报》还刊登了他的义举；新中国成立后，《红旗飘飘》等书刊也收录了他的事迹。

❶ 作者用联想的方式，实现了上下文的自然衔接和过渡，起到了承上启下的作用。

① 提起伊田助男的弃暗投明，就不能不说到东满特委书记、小汪清游击队和游击区根据地的创建者童长荣。

童长荣是中国共产党早期的一名优秀共产党员，年轻的革命活动家，还是20世纪30年代"左联"发起人；他先后担任中共上海沪中区委书记、河南省委书记，组织过多次白区的对敌斗争。"九一八"事变后，他从大连市委书记调任东满特委书记，把最后一滴血洒在了小汪清这片土地上。

童长荣早年曾被官派到日本留学，并且在那里加入了中国共产党，因为参与并发起革命活动，被官方断资，且遭日本政府逮捕，后被驱出日境。

❷ 作者从童长荣早年谈起，叙述了童长荣的抗日决心，以及过人的谋略。

② 童长荣是一位有知识、有文化、有信仰、懂军事的坚定革命者。在抗击日寇的斗争中，他谋大局，讲策略，还对敌展开攻心战。伊田助男所见的传单正是由童长荣创意并书写，而后散发到敌占区或日军"讨伐"游击区必经的道路上，用以瓦解敌人。

童长荣是南方人，不适应东北气候。1932年初，因劳累过度导致肺病复发，加上缺医少药、食品短缺，他严重营养不良，一米七几的身躯，瘦得只剩下七十多斤。

1933年11月17日，日寇再次纠集大批兵力进犯小汪清抗日根据地。在长达五十多天的"讨伐"中，小汪清根据地遭到重创，原有一千五百多人的根据地，最后只剩下四百多人。

1934 年 3 月 21 日这天，敌人拉网搜山，童长荣和部队被包围，情况十分危急。童长荣身体极度虚弱，身边的战士和群众见他几乎要昏倒，都要背他一起突围。① 童长荣怕连累大家，掏出手枪，严令所有人立刻突围，不许管他。这时，敌人已经靠近，他扣动扳机连续打倒几个敌人。疯狂的敌人便集中向他射击，一颗子弹射中他的腹部。抗联英雄童长荣倒下了，倒在了抗日最前线。

童长荣，为了中华民族的解放事业，英勇地牺牲在汪清大地上。他虽然在世只有二十七个春秋，却是光辉战斗的一生。2014 年 9 月 1 日，童长荣被民政部确认为第一批三百名抗日英烈。

② 据考证，在汪清县这片土地上，先后有六百零三名抗联战士献出了自己宝贵的生命，而牺牲在小汪清有名有姓的就达三百多人。在踏访抗联密营的路上，面对烈士鲜血染红的一方土地，人们都禁不住停下脚步，默默地鞠躬致敬。

❶ 作者饱含对抗日英雄童长荣的深情，用生动的笔触，还原了童长荣在生命最后一刻舍命保大家的抗日壮举，令人落泪。

❷ 作者通过列数字和对比的写作方式，歌颂了抗联战士的壮举，表达了对抗联战士的深深爱戴之情。

延伸思考

1. 阅读全文后，简要概述童长荣的人物形象。

_____

_____

2. 请你概括文章通过小汪清英烈事迹所彰显的主要精神。

_____

_____

披满敬意的身影

——致"沂蒙新红嫂"朱呈镕

名师导读▶

每个人都有身影。我们也见过无数的身影。朱自清先生的著名散文《背影》，影响了一代又一代国人。本文从另一个视角——"沂蒙新红嫂"切入，以大量的无可辩驳的案例、数据和事实，刻画了一个令人景仰的女性形象。

❶ 文章开篇从宣传的覆盖面之广让读者知道人物影响力的不同凡响，为后文做铺垫。

① 早就知道你的名字，在电视里，在报纸上，在沂蒙人的言传话语中。

那一天我见到了你。在沂蒙"红嫂文化博物馆"，你正在为刚刚退伍的一批沂蒙老兵讲"红嫂"的故事。

其实，你就是红嫂，一位坚持近二十年拥军优属、爱兵如子，被称为"兵姐姐""兵妈妈""最美兵妈妈"的"当代红嫂"。

你喜欢红色。你说，红色象征光明，是火热，是温暖，是自己心灵的外在表白。那一天你穿的就是一件大红色上衣。穿着它，你站上天安门观礼台曾经与首都群众共度新中国成立 70 周年大庆。穿着它，你到过北疆边陲，冰天雪地中和哨所的战士们一起包饺子，过红红火火的除夕夜，也曾去新疆的阿拉山口边防，在全国四大风口之一、号称"中国西口第一哨"的边防线上。①你和战士们手拉着手，顶风前行，亲身体验过巡逻的艰苦，飞沙走石中，你宛若一枝摇曳的红牡丹，绽放在边防战士心中。

① 作者运用明喻的修辞手法，把穿着红色衣服的朱呈镕比作一枝摇曳的红牡丹，生动、形象，切合人物身份。

人们说你是女强人。不！你说："那年企业倒闭，我下岗了。我有梦想，我还年轻，我该怎么办？我无助，我流泪。我生在沂蒙，长在沂蒙，迷茫中我想起了沂蒙红嫂。对，去找她们，当面聆听她们的教诲。真是备受鼓舞和启发呀！②是老红嫂们的高尚品质和人格为自己垫了厚实的心底，是'沂蒙六姐妹'为我指出前路，是爱祖国爱人民的'红嫂精神'给了我力量。"

② 作者以平实的语言，围绕红嫂精神，介绍了红嫂精神伟大的正能量。

从无到有，从小到大，创业，艰难地创业：先是成立三轮车运输公司，特招下岗工人；继而又做冰糖葫芦，让香气飘荡临沂大街小巷；直到以速冻饺子为主业的"朱老大食品公司"蒸蒸日上。从那时起，你就把公司每年利润的三分之一拿来拥军。2003 年"非典"在北京肆虐，当从电视里看到进驻小汤山的解放军医疗队只能以盒饭充饥时，你心疼了，二话没说，立即带车拉上 5 吨速冻饺子，连夜送往那里。③2020 年初，新冠肺炎在武汉猖獗，你又是一个逆行者，拉上 20 吨水饺，亲自送给进驻火神山、雷神山的解放军医疗队。临行前，家人规劝，同事阻拦：那里有危险，

③ 朱呈镕的语言极富特色，具有共产党员一不怕苦、二不怕死的大无畏精神。

年逾花甲的人了，就不要亲自前往了。不！你说，我是共产党员，我不去谁去！

有人为你做过一个记录，2003 年春节，你带着水饺去临沂空军某部雷达站慰问子弟兵，并且共度春节。也就是从那一年起，你已经连续 19 个春节都是在军营里和战士们一起度过的。19 年来，你先后去过南海永兴岛拥军，帮烈士何田忠的父母奔南疆寻找儿子的坟墓和牺牲的战地。① 一路走去，你去过 300 多所军营慰问，做过 100 多场"继承和发扬红嫂精神"的报告，并且认领下 3000 多个"兵儿子"。直到今天，你还和 1000 多"兵儿子"保持着密切联系。

沈阳军区某高炮团有位叫张广奇的战士，父母亲因病在两年内相继去世。母亲临终前，交给即将入伍的张广奇一张共计 13 万元的欠账单，叮嘱他无论如何也要把这些钱还上。后来部队领导得知情况后，曾经为他捐款，为他申请特殊困难补助，但仍有一个大头儿一时无法解决。张广奇不辜负大家庭的厚爱，刻苦训练，多次在重大军事比武和演习中夺冠，先后被团中央和沈阳军区评为优秀共青团员，还荣立了三等功和二等功，并且加入了党组织，被集团军评为十大先锋人物。

② 当你得知孤儿兵张广奇的事迹后，你立即联系广奇所在部队，要认下这个兵儿子。2014 年 9 月中秋节那天，你来到了军营，在部队举行的"兵妈妈认兵儿子仪式"上，你们"母子"紧紧相拥，那场面，令官兵动容。不久，你还为"兵儿子"还清了 10 万元的欠款。后来，兵儿子该休探亲假了，你就在家为兵儿子

❶ 作者通过分门别类的统计，以震撼人心的数据印证了朱呈镕红嫂精神的伟大。

❷ 作者以平实的叙述、充满感情的笔触详细说明了朱呈镕帮助战士脱困的感人故事，再次证明了红嫂精神的伟大。

安下床铺，亲手为他做好吃的饭菜，给他一个家的温暖、家的味道。再后来，你还为兵儿子牵线搭桥，与本公司的一位女会计相识、相知，让他们喜结良缘。

① "一人拥军红一点，人人拥军红一片"，你这样说，更是在这样做。如今，你不再把拥军仅仅看作个人行为，而是作为一项强军铸魂的事业来做。为使拥军优属成为一种社会行动，持久地传承下去，几年前，由你发起并注册成立了"临沂市拥军优属协会"。加入协会的有献爱心送温暖的志愿者，有秉持家国情怀心灵高洁的企业家……目前协会已经发展到数百人，你还被推选为该协会的常务副主席、法定代表人。

一场生动感人的报告会在热烈的掌声中结束了。你面向听众，深深地一躬，转身走下了讲台。望着你离去的背影，那一抹红色仿若一炬燃烧的火苗，又去了边防，又去了哨所，又将去照亮一个又一个战士的心灵……

❶ 作者运用了引用的修辞手法，引用了朱呈镕的话，并通过具体案例赞扬了朱呈镕将拥军作为强军铸魂的事业来拼搏的壮举。

延伸思考

1. 朱呈镕的拥军优属行动产生了哪些影响？

_____

_____

2. 阅读全文，简述朱呈镕的精神品质。

_____

_____

三十而立

名师导读▶

　　人的一生会分成不同的年龄阶段。每个阶段的人生完成每个阶段的使命。孔子所说的"三十而立"，是指在这个时候做事合于礼，言行都很得当。本文作者从年龄角度出发，讴歌了三十岁放飞自我的青春，值得阅读。

❶ 作者运用了比喻、排比的修辞手法，以激昂的语调、饱满的热情对人生"三十"进行了讴歌和赞美。

❷ 运用了重复的句式，指出了三十岁在对待为人处世等方面应该持有的心态，恰如其分。

①人生三十，如日当午。在盛夏，赤日如火，自然万物在它的爱抚下，比赛般拔节生长；当隆冬，大地寒凉，它把温暖无私地洒向芸芸众生；逢春时，它舞动七彩画笔，绘出满眼的姹紫嫣红；若秋临，它高举成熟的旗帜，把收获奉献给无数个企盼。

　　人生三十，光芒四射。是说人到了三十岁，生命力旺盛，正是向上向前、拼搏奋斗、大干事业的极佳时期——三十岁是人生路上一道观瞻不尽的靓丽风景。

　　人生三十，经历了风雨，见过了世面，性情已趋向老练。②不再迷茫，不再犹豫，不再动辄怒发冲冠，不再是豪猪般抖着剑刺四处乱撞的愣头小伙儿；对于成功能够不过于惊喜，对于挫败能够不过于失落，对于世态炎凉，已经具有了一颗平常心；而且懂得了思考，懂得了反思，懂得了承当——承当使命，承当责任，承当困难，甚至苦难。

人生三十，情志趋稳。与人处事，懂得了坦然地面对和理性地选择。稳定、稳重、稳健、稳妥，人们会把无数个善意的褒奖之词慷慨递上。

①人生三十，是知识的富翁，但又往往不满足于已知。所以，渴求新知，不倦追求，向着学问的深度和宽度扎根，往往又成为三十岁的起点、拐点、亮点、兴奋点，直至重新确定人生的目标和前进方向。点动成线——看吧，从古到今，从中到外，以那绵长的丝线织成的五彩锦缎，曾经灿烂了多少人生！

人生三十，其实依然会有许多个不明白。但毕竟懂得了智慧地整理心情，淡定地看待生活，并且以自己的刚毅和真诚，让踏在低谷的双脚独立行走，直至走向一个高处又一个高处。行走的路上，那一条条高高低低的优美曲线，便是对无愧人生的注解。

②日升月落，斗转星移。三十岁，眼角舞动着的扫帚般皱纹，早已彻底扫除了脸上的稚气和心性的幼嫩。三十而立：站立，独立，屹立。时光如流，日月如梭。三十岁人生，即便雄关如铁，也当从头跨越。

❶ 作者运用了拟人、比喻的修辞手法，将求知、求学、人生方向紧紧捆绑在一起，激励青年人努力奋斗。

❷ 作者运用了明喻的修辞手法，客观承认三十岁的辛苦，同时正向激励青年人努力学习，奋力拼搏，不负韶华。

延伸思考

1. 阅读文章，简要概述文中三十岁人生的特点。

_____

_____

2. 依据原文，为什么说"三十而立"是人生的重要节点？

_____

_____

第三辑
满眼秀色染诗心

　　一溪秀水，流韵潺湲；一条绿道，
枝抚叶慰。这秀水，这绿道，依山势，
就水形，宛若一对热恋的情人，彼此
缠缠绕绕，不离不弃，一路蜿蜒而去。

作家带你练

【2012 年云南省昆明市初中学业水平考试卷】

阅读下面语段完成 1-4 题。（8 分）

起　点

①旭日喷薄而出，那是光明的起点；山间响泉叮咚，那是浩荡的起点；新年钟声悠扬，那是新生活的起点。哦，起点！你是刚刚绽放的花朵，芬芳馥郁的百花不嫉妒你的娇艳妖娆；你是一粒萌芽的种子，尽管生成茵茵小草，还是长成参天大树，都将顽强地伸展一条条根须，不停地探索大地的奥妙。

②在生命的原野和人生的旅途上，起点无处不在。一个人选好了起点就等于找准了成功的方向，一个人找准了目标就等于降低了与成功的距离。

③起点有高有低，有大有小，有好有坏，有远有近。也许由于种种原因，我们站在较低的起点上。我们不能改变起点的高度，但我们可以改变人生的宽度和厚度；我们不能拥有令人仰慕的高起点，但我们可以拥有追求高起点的信心和理想。精卫填海，起点只有嘴里的一口泥土；愚公移山，起点只有一副担子；陈胜建立张楚政权，

起点只有一尾藏书的鱼；_____，_____。

④让我们以毅力作桨，信念为风，理想为船，以小河流为起点，长风破浪，风雨无阻，抵达理想的彼岸！

1. 请用正楷将第四段画线的内容工整地书写在"田"字格里。（2分）

2. 请给第一段中加横线的字注上汉语拼音。（2分）

（1）喷薄（　　　）（2）悠扬（　　　）

（3）嫉妒（　　　）（4）奥妙（　　　）

3. 第一、二段中各有一处语病，请找出一处加以修改。（不抄原句，直接写修改后的句子）（2分）

_____

_____

4. 根据语境，在第三段的横线处填写恰当的语句，使它与前面的句子语意连贯，句式大致相同。（2分）

_____

_____

问候心情

名师导读 ▶

　　佛家说，人的一生有七苦：生、老、病、死、爱别离、怨憎会、求不得。既然人生有这么多的苦，心情好，自然就像稀世珍宝一般很难得。因此，我们要保持心理常态，每天问候心情，过好每一天。

❶ 作者运用了拟人的修辞手法，把抽象的事物讲得通俗易懂，拉近了读者和作者之间的心理距离。

　　① 心情需要问候。因为，心情是大千世界风霜雨雪的产儿，心情是精神家族的重要成员。也因为，有时候心情很不幸，心情很劳累很辛苦。

　　好心情会吹来和煦馨风，好心情能降临绵绵好雨。好心情来了，那是飘然而至的天使，她遏制邪恶，她消除灾难，她还人世一片安详与宁静。

然而，好心情并非永远常驻，有时候它也很坏。①一旦坏起来，它会甩出惊天动地的一串串雷电，它能制作掀翻舟楫的一丛丛狂澜。坏心情来了，那是挟沙裹石的怪气。它寻衅滋事，它平生祸殃，把好端端一方天地，搅得浑噩不堪。

②即便如此，心情依然需要问候。因为，坏心情往往是由于好心情得不到应有的认可而改正归邪；坏心情也常常由于受到了应有的抚慰而变换了角色。所以，坏心情和好心情一样，都可能因时、因地、因人、因是否得到了理解和尊重而改变其方向。

是应该问候心情了。可心情在哪儿？

不是说心情无处不在，心情无时不有吗？然而，谁又看见过心情的影子，谁又听到过心情的声音！

③那举动是被心情操纵吗？那行止是被心情役使吗？倾听那一曲哀怨而忧郁的歌唱吧！悉听那一声发自肺腑的呐喊与浩叹吧！聆听那一句情真意切的苦心规劝吧！还有，那乞而无门、求而无助、无可奈何的娓娓倾诉……

这便是心情了。它有如身体内部的软组织，有如行走在肌体里的气血津。它协调平衡，它抵御疾患，它为生命的健康不知疲倦地工作着。

当然，有人也说心情还是一种味道。咀嚼它，能品出人世间的酸，能品出人生里的甜，能品出命运中的苦，能品出心灵上的辣，也能品出生命内的咸……心情是那道丰富生活的多味素呢！

但人们更需要、更喜欢的还是被好心情孵化出的

① 作者运用了拟人和明喻的修辞手法，将坏心情发作的时候的表现比作怪气，并形象地刻画了坏心情来时的严重后果。

② 作者叙述了好心情和坏心情带来的不同后果之后，对好心情、坏心情之间的转化进行了详细说明。

③ 作者运用了排比的修辞手法，为心情遭受的不公进行辩解，铿锵有力。

❶ 作者对好心情、坏心情的概念、产生的结果以及彼此之间的转化进行了详细的说明，最后发出诚挚的呼告，呼应前文，浑然一体。

那熏风般的温暖、和煦与明丽。

这是企盼，这是追求，同时也是人们随时随地都会得到或者失去的一种存在。

① 问候心情吧。从她那里，每个人都可以回收自己的付出，每个人都可以获得"问候"的回报。

延伸思考

1. 为什么文章中提到心情需要问候？请简要说明。

2. 作者如何描述坏心情的影响和表现？

3. 文章中提到心情是一种味道，作者如何用不同的味道来比喻心情？

开发人生

名师导读 ▶

在这有限的人生里，如何让自己变得更聪明、更睿智，使自己的人生更加有价值，这就需要开发我们的人生。作者从生命投入的视角切入，循循善诱，给予读者不一样的知识和体会。作为读者，如果你对开发自己的人生非常有兴趣的话，就请认真阅读本文吧。

① 常言道，人生两件宝，双手与大脑。照此推理，开发人生，就是说一个人要充分地发挥其手与脑的作用，勤奋工作，努力学习，增长智慧，不断进取，在有限的生命期间，使人生这个光点明亮些，再明亮些，甚至光耀人间。

开发人生，是生活着和生存着的人所应有的一种素质和品格。肯开发者，则灵、则进、则常新；反之，则僵、则退、则腐朽。纵观古今，横论天下，有多少仁人志士，他们正是由于积极进行人生资源的自我开

❶ 作者引用中国谚语，突出强调了双手和大脑对于开发人生的极端重要性，并由此引发一系列思考和讨论。

发，或因发现大自然的奥妙而不朽，或因探究出社会的真谛而伟大……因而也才为人类的进步，做出了卓越的贡献，甚至成为彪炳千秋的人杰。

当然，如此"开发人生"的说法，其实也并非要人们都必须开发出大智慧、大成就，进而成为大人物才算做贡献。① 人们所熟悉的当代英模雷锋、徐虎、李素丽等人，他们正是在那些平常得人人都能举手做到而很多人却不愿去做的点点滴滴的小事上，开发出了人生的崇高，从而赢得了人们的热爱和敬重。

开发人生，那是一种生命的投入。那投入，可能会有所收获，也可能会一无所得。因为，人生之路从来就没有平坦可言，自古就有成功的英雄与失败的英雄之说。即使没有成果回报，只要去开发了，那也乐在其中。因为，结果是凝固的，冷寂的，只有过程才鲜活，才生动，才充满魅力。

人生是一道矿脉，那里蕴藏着丰富和美好。

勇敢地开发人生吧，那是于无声处触响的春雷，虽然辛劳却充满种植的快乐和丰收的希望。

辛劳地开发人生吧，那里有滋补心灵和健康灵魂的千般滋味……

真诚地开发人生吧。② 开发是一幅美丽的画，开发是一支动听的歌，开发是一首激昂的诗……

❶ 作者列举了当代尽人皆知的英雄楷模，并对其初衷进行了较为详细和客观的分析，因此得出开发人生的重要结果，引人深思。

❷ 作者运用排比的修辞手法，奋力疾呼，升华文章主旨。

延伸思考

1.阅读全文，简要概括开发人生的含义和意义。

_____

_____

2.开发人生的过程中可能会遇到什么困难？

_____

_____

感受阳光

名师导读

　　没有阳光，这个世界将是一片黑暗；没有阳光，人的心灵将会是一片荒芜。阳光把这个世界照亮，使得这个世界姹紫嫣红，桃李芬芳；阳光照进人的心里，使得心灵变得敞亮豁达，纯洁高尚。阳光寓意积极向上，乐观开朗，活泼有朝气。请大家阅读本文，感受阳光带来的快乐。

1

❶ 作者运用了拟人的修辞手法，把黎明的阳光写得活泼可爱，多情多义，引人入胜。

　　① 黎明。一缕熹微挤进窗隙。那是太阳挥动手臂在驱赶夜的最后一抹；那是太阳细柔的手指正弹击一个梦的尾音。

　　我在阳光的抚摸下醒来。于是，一个翻身，又扯出一串鸟儿的和鸣。

　　这世界真美好。一天，不，是一年、一生，就这样开始了。这是阳光的赐予。

2

正午。我走进一座密林，如瀑的阳光直泻而下。森林浴？阳光浴？我的生命被滋润得蓬勃，我的灵魂被洗涤得洁净。整个的我，从里到外，被阳光涤亮了。

所以，充满光明地去看待世界，在没有光明的暗夜去自己发光，在邪恶袭击光明的时刻勇敢地与其抗争、搏斗……便成为一种信仰。这信仰在我心中，不，是在千万人的心中，不断地生长、茁壮……

3

①傍晚。辉耀了一天的阳光欣然把自己浓缩成句号。那不是结束，她没有苦恼。低头，是阳光镀过的金浪翻滚；仰望，是阳光点亮的晚霞燃烧；那满天晶莹的星星，是她在向温暖的人间致意问好。

太阳永耀，光明永恒。

❶ 作者运用了拟人的修辞手法，对阳光进行了神化和最深情的歌咏。

4

一日过去，一年开始。

春天的阳光是彩色的。她濡染花，花红；她滋润草，草绿。红花绿草间，我独钟紫色。不知道这是象征什么，抑或意味什么。②只为这紫色花不好浮躁，不喜炫耀，也不图热闹，它总是在没人留意的地方，静静地感受阳光，悄悄地吐露芬芳，默默地为世界奉献自己那份独有的美质。

❷ 作者运用拟人的修辞手法，对紫色花的特性进行了详细的分析，由表及里，由物及人，使文章主旨得到升华。

71

5

时间步入夏日，阳光也不肯安分起来。

❶ 作者用拟人的修辞手法，将夏季阳光的作用生动形象地刻画了出来，印象深刻。

① 她慷慨资助蓬蓬勃勃的生长，她热情鼓励轰轰隆隆的奔进。有沉睡者，她呼惊雷唤醒之；对柔弱者，她引狂风锤炼之；是阴暗，她舞电闪暴露之；是污秽，她借暴雨冲刷之……

阳光热烈，阳光坦荡。阳光把夏日谱成了一支强弱高低有急有缓律序有致的交响曲。

6

❷ 对于秋天的叙写，作者运用了暗喻的修辞手法，将秋天的收获刻画得淋漓尽致。

② 如果说秋天的阳光酿制了千般美味，秋天的原野便是盛装这美味的一个托盘。

清芬如帐，弥漫于大气之中，闻之则嗅见世界的馨香；甜蜜入实，蕴含于百果之内，品之则人间千味洋溢。于是，这馨香，这千味，便哺育，便滋养，便成了营养真善美的最佳补品。当感触社会的健康强壮时，岂能不感叹阳光的奉献。

7

❸ 作者运用拟人的修辞手法，将冬日的阳光写得那么明快、清丽、运动，别具一格。

③ 冬天的阳光是位公正的裁判。

她借风把世界打扫得干干净净；她令雪使大地的所有同归于零。在没有障碍的同一条起跑线上，她扣响出发的令枪……

目标，自然是春天，是未来，是一个个更加阳光灿烂的日子……

8

真诚真实地感受阳光之后，梦的时日再现：又一个辉煌灿烂的梦，正款款走来……

延伸思考

1. 作者在文章中用什么方式来描述阳光的不同特征和作用？

_____

_____

2. 文中提到紫色的花，作者对紫色花的态度如何？这个紫色花在文章中有何象征意义？

_____

_____

3. 文章中提到阳光的作用和影响，作者认为阳光的存在对人类有何深刻的意义？

_____

_____

中秋望月

名师导读 ▶

　　明月几时有？把酒问青天。关于月亮的千古名句大家耳熟能详。中秋，是中国传统佳节。吃月饼，赏花灯，走月亮，舞火龙等，都是中国人庆祝中秋佳节的形式，寄托着对美好生活的向往。作者叙述了中秋月圆的过去、今生和未来，千古佳句，林林总总，读来受益匪浅。

❶ 作者从美好的心情出发，以夸张的语言，生动的笔触，刻画此时此刻美好的心绪。

　　中秋好月朗照，月亮注定是今晚的主角。① 从心灵出发，揣上最纯真的心绪，设圆月为远方的胜景，让目光和心情一起去旅行。最好把视线搭上圆月，再缠绕几圈，拽住那月，让她行走得慢些、再慢些，与她相靠得近些、再近些。

　　望月，不免会记起"床前明月光""明月几时有"的唐风宋韵。春花诱春心萌动，秋月惹秋思缠绵。那里有相思，那里有心念，那里有浓得阅不尽、听不够的幽幽伤感：因了思团聚而盼月圆，因了惦亲人而祈月圆，因了诉衷情而拜月圆……甚至把缘于思念、期待、分离而酿制的千情百结都寄意中秋圆月：东西南北待秋月，终使"天涯共此时"。

①那是身负重托的中秋圆月吗，那是踽踽独行的千古寂客吗，那是垂钓乡情的丝丝银缕吗，那是虐待相思的千般惆怅吗，那是一只召邀呼唤的铜号吗，那是一个深梦回归的穴口吗？

❶作者连发六问，由表及里，由浅入深，由简单到复杂，非常符合作者行文的初衷和"中秋望月"的题旨，起到了承上启下的作用。

其实，中秋望月，不仅慰藉了千千万心灵，更是在显见月的善能：皎洁的月光似水，可洗涤心性；娇柔的月色如醇，可滋养灵魂。那月是承载美的使者，是种植梦的田园，是绽放在心中的花朵。她娇艳馨香，可触可摸。亮在心里，如在身边。

是谁把月光斟满心杯，让我在梦中与你同醉！

把圆月紧紧地揽入怀抱吧！那是一种情怀，一种信心，是对一个美丽的梦的拥有。

②望中秋圆月，美丽倾洒人间。若月下漫步，可花间林径：清风动月影，银辉沁心脾，心清气爽。若庭院闲坐，可美酒香醇：听歌吟诗，抒情咏怀，舞姿绰约。

❷作者用语非常清新秀丽，体现了作者深厚的文学造诣。

中秋好月朗照，这边风景独好。中秋月不知疲倦地努力照耀，宝蓝色的夜空仿若悬起一面明亮的宝镜，又似在敲响一只巨型的金鼓：天上月圆，亲人团圆。人间盼事圆，心中追梦圆……

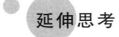

延伸思考

1.“中秋月亮”有何象征意义？作者又是如何表达的？

_____

_____

2. 作者如何将中秋月亮与美好的愿望和梦想联系起来？

_____

_____

哄哄自己

名师导读 ▶

今天这个时代，没有人不喊累的。因此，你不要太委屈了自己。要变着法子哄自己开心，毕竟每个人来到这人世，生命只有一次。那么怎么才能让自己开心？怎么才能让自己活得快乐有趣？想要知道答案的读者，请阅读本文。

①哄哄自己，就是想着法儿让自己高兴，就是懂得利用自己成熟的心智来抚慰自己受创的心灵，就是自己给自己不断地寻找希望，因为希望是人们灵魂的天幕上不可或缺的太阳。

这世界的风霜雨雪太多。心一旦被打湿了，受潮了，只有自己把它搬到阳光底下去晒，才能寻找到温暖，才能不让它发霉，才能把角落深处的那个阴影驱逐。因为，他人的施舍总是那样的不可靠和不稳当。

哄哄自己，并非主张掩耳盗铃似的欺骗自己。因为，这繁杂的世界给了人太多烦恼，这缤纷的社会产生了

❶ 对于如何哄哄自己，每个人都有自己独特的办法。作者开门见山提出了自己的观点，颇有浪漫的意味。

太多诱惑。人与人东拉西扯，关系如织，常常觉得似有一张无形的网正在罩住自己。真真是扯不清，理还乱。①这时候，就需要哄哄自己：我的兴趣就是我，我的爱好就是我，我的追求就是我，其他皆过眼云烟也。高官厚禄算什么？巨富大款算什么？天晓得他们施了多少手段，昧了多少良心才弄到手的。

人，作为一个生命体，他总要行动，总要走路。但眼前的路，条条弯曲，处处坎坷。这时候，就要经常哄哄自己：弯曲的路是暂时的，坎坷的路总要过去。不是说"相信未来"吗？未来绝不会是这个样子。至于"未来"在哪里，先不必想得太多，否则，又要自寻烦恼了。

几年前，听一位教授讲人生课。他问："在座的诸位有谁曾经想过自杀？请举手。"结果，我这个曾经想自杀过的人，因碍于面子不肯举手，许多人也没有举手，敢于举起手来的寥寥无几。教授接着讲："好！举手的朋友请放下。②你们是世界上最勇敢、最坚强的人，因为你们曾经战胜了死亡，也就是说战胜了自己。想想看，一个能够战胜死亡的人，他有什么还战胜不了呢，还有什么事情做不成功呢？"

教授的话，是一针强心剂。他在诱导大家，无论在任何挫折面前，都要设法哄住自己。这样才能最终做到，自己把握自己的命运，自己拯救自己。

其实，想哄哄自己并不容易，它所寻找的不仅仅是一种心理平衡，而是一个坚强的人生支点，也是一次对世界、对人生重新认识、重新理解、重新整合的思辨过程。比如，当一个人不幸被骗了，被耍了，被欺了的时候，就要想：花无百日红，事无两次顺；好人有好果，恶人

① 退一步海阔天空。作者运用了排比的修辞手法告诉世人，功名利禄都是过眼云烟，兴趣、爱好和追求才是"我"最需要的。

② 在作者和这位教授的眼里，死亡是这个世界上最可怕的事情。既然能战胜死亡，那就没什么挫折能阻挡自己。

遭恶报。这样，人在黑暗中就看到了光明，在逆境里就发现了希望，从不幸中也找到了万幸。特别是对于一些会给自己招致痛苦、很伤害自己的事情，有意回避一下，也不失为哄哄自己的一种办法。

当然，哄哄自己，不是要人一味地放弃原则，也并非要人"到此为止"。物质在运动，社会在发展，人事在更替。这运动，这发展，这更替，有规有律，有章有法。所以我们还要不断总结，以教训磨砺自己，以成功激励自己，以经验提升自己，使人变得逐渐聪明起来，免得被一块石头绊倒两次。

①最后，请允许我再说一句不算多余的话：祈愿那些想"哄哄自己"的人，一定要自己哄哄自己，切莫被一些聪明人把自己当成小孩子，哄来哄去哄着玩。

❶ 对于如何哄哄自己，作者从本质、方法、技巧等多方面进行了阐述，文末提出了善意的忠告，切合文题，进一步升华了文章的主旨。

延伸思考

1. 作者为什么提出"哄哄自己"的观点？

_____

_____

2. 作者认为哄哄自己并不是欺骗自己，那么哄哄自己的真正含义是什么？

_____

_____

3. 作者在文章中提到一位教授的观点，那位教授认为曾经想要自杀的人是最勇敢、最坚强的人。你认为教授的观点有什么意义？

_____

_____

只说"道"德

名师导读 ▶

"道"者，路也，是万事万物的运行轨道或轨迹。"德"指志向、品性、恩惠和好处。在行走的"道"上每天发生着各种与"德"有关的事情，本文不从高深的理论讲起，而是从小处着眼，陈述作者对道德的认识。这种写作技巧值得学习。

❶ 为引出本文观点，作者从日常琐事——汽车喇叭半夜扰民谈起，并详细分析这种缺德失范行为的危害性，既说明本文所说"道"德的具体体现，又提醒读者讲究道德。

此"道"非彼"道"。此"道"乃道路之"道"。

① 说的是三更半夜，人们正在熟睡，忽有汽车从小区门前疾驶而过。过就过吧，大路朝天，各行一边，谁也没有说不让谁走。然而不知为何，就有那个别司机非要把尖厉的喇叭声刺入你的梦乡不可。这一声不打紧，瞧吧，那爱失眠者这一夜就甭想再去游览梦乡了。若是家有幼儿被突然惊醒，他可不管三七二十一，哭闹起来不折腾你个昏天黑地决不罢休。倘若墙壁隔音不好，那邻居也只好跟着一起"欣赏"这此起彼伏

的夜半共鸣了。

然而，这仅仅是"行道"乏德者之一，若细数那些缺此"道"德者，还真不鲜见。

①笔者一次与几位好友在郊区路边散步，一辆运沙子的汽车开来，那车经过大家身边时，竟有人从车上用沙子撒向走在前面的两位女士。幸亏她们背对了汽车，否则，说不定还会有人被沙子眯了眼睛呢。还有一次，笔者在长安街上，目睹有人从一辆黑色轿车的车窗里抛下一把瓜子皮。瓜子皮顿时狂飞乱舞，活像一群肮脏的苍蝇，玷污着洁净的长街。笔者一朋友，就因为几年前被车上抛下的易拉罐砸过一次，至今心有余悸，每见有车从身边驶过，都要捏着一把汗，以防"再被万一"。想想雨天水满地时，路边行人因个别司机在大街上不管不顾地疾驰，为此吃苦头者恐怕更不在少数。至于大街上、胡同里，那些乱停乱放的汽车、摩托车、三轮车，更是举不胜举。还有的甚至占据了盲道也满不在乎，当有人指出时，车主还振振有词："自打这盲道修好，也没见有几个盲人经过，简直多余。"②瞧瞧这些人的理念。也许他们压根就没想过：一个国家，一个社会，一个地区，以及那里的人们，对待盲人即弱者的态度，可是代表着那里的公共文明程度呀！

更有一些人，竟把此失道德现象"普及"到了大大小小的角落。

城市发展，人口拥挤，土地稀缺，人们的居住只好往空中挺进，于是，高楼大厦层出不穷。为方便特

① 前面列举半夜汽车喇叭扰民，这里列举有人故意撒沙害人的丑陋恶劣现象，这都是缺乏"行道"之德的具体体现。

② 经济上去了，道德滑坡了，这是多么不和谐的现象。作者通过对社会丑陋行为的批评，呼吁建设更加文明的社会。

❶ 高楼大厦拔地而起，巍然耸立；但是种种不道德现象频发。而这些不正常的现象值得读者深思。

殊人群的进出方便，^①有的在大楼门口还特别设计、修建了轮椅、婴儿车道。就是这么一条窄窄的过道，有的人也不肯放过。比如笔者居住的这地儿，过道就常常被人用自行车或堆放的杂物堵塞。每遇这种情况，欲行此道者，若是婴儿车，家长动下手挪开就成了；若是轮椅经过麻烦可就大了，只能求人帮忙，把障碍搬走。仅过去的一年里，笔者就帮人搬挪过几次这道上的物件。偌大一座城市，相信此现象，并非此一处仅有，也并非笔者一人所历见。

时下，我们的国家正在建设文明社会。文明是什么？它有如天上的日月星，地下的水火风，体内的气血精。看上去，好像可有可无，实则时时处处都缺失不得。社会生活一旦短缺了它，心灵的天空就会一片黑暗、死寂、枯竭。所以，在构建文明社会、推助公共文明的时代背景下，培养和提高整个中华民族的文明素质才显得尤为重要。人的良好素质的养成，也就成了利人同时也能利己、不可或缺的大事情。人们不是常说要为"文明"做贡献，要为人间送温暖吗？其实这"贡献"和"温暖"，不只是捐献了什么，也不只是在一项时髦活动中做了些什么，更重要在于平时点点滴滴的行为里，在于对待周围的大事小情中，是否像日月星、水火风、气血精那样，默默无闻地付出了春雨润物般的真情，在于时时处处是否能为他人的方便多想一点点，多做一点点。

延伸思考

1. 作者在文章中提到了一些缺乏道德的行为，包括哪些情况？请列举至少两种。

_____

_____

2. 作者认为文明社会的建设需要什么样的努力和改变？

_____

_____

3. 为什么作者强调了人们在构建文明社会时需要培养和提高整个中华民族的文明素质？

_____

_____

朗朗铮气将军诗

名师导读 ▶

　　提起古今的将军，抗金名将岳飞的名字赫然出现在我们的脑海中。他的一首《满江红》更是广为流传。800 年后一位叫岳宣义将军，继承了先祖岳飞的诗气，写出许多荡气回肠的诗篇。下面我们一起领略岳将军的风采吧。

❶ 岳飞是中国家喻户晓的抗金名将，他的《满江红》一词，流传 800 年，至今振聋发聩。作者运用了比喻的修辞手法，表达了对这首词的喜爱之情。

　　① 说起将军诗人，我不由想起 800 多年前的抗金名将岳飞。一首《满江红》词，如飞瀑倾涧，似大河奔泻，曾经震撼了多少志士仁人的心灵。当年的岳元帅不会想到，800 多年后，他的 30 世孙承袭着这一诗心剑气，从一个普通的农家小院出发，走进了军营，走成了将军，一直走入了军旅诗人的行列，他就是被人们誉为将军诗人的岳宣义。

　　岳宣义，济南军区政治部原副主任，曾任河南省军区政委，4 年前，他又奉命调入中央纪委工作至今。

　　岗位变了，将军诗人还那样诗意勃发吗？浪漫的诗情和严肃的工作又是如何相互融和呢？一见面，我就向岳将军递上了一串问号。

① "诗能穿越风雨迷雾，穿透人的灵魂，去追求正义和美丽，鞭笞邪恶和丑陋。所以，诗是我生命的一部分。诗离不开我，我也离不开诗。"这是将军的回答，也是他的诗观。

❶ 体现了将军对诗歌的深刻认识和对诗歌的热爱。

是的，岳宣义作为军队的一名高级将领，从战士时就和诗结下了不解之缘。繁忙的军务、艰苦的训练没有磨灭他对诗的热情，即便是在炮火连天保卫边疆的战场上，抑或在抗洪救灾的最前沿，他也没有停下手中的诗笔。

当过兵的人知道，部队的野营拉练，当是和平时期的军人最苦最累的一种训练方式。② 那时军队还是骡马化装备，一天百余里，岳宣义背着背包和战士一起摸爬滚打，同走同练。可岳宣义却苦中寻乐，练中有思，把亲历，把感受，经思索的火焰提炼，随之酿制成诗。他的一首题为《春到太行》的诗作，就是反映军队野营拉练生活的："风霆号令动苍穹，雷啸三军喜若狂。暮发西庄脚下汗，朝辞东村眉上霜。又饮清清漳河水，还唱巍巍太行腔。借问战士欲何求？铸就钢骨伏霸王。"乐观的精神，铿锵的诗句，温润、提升了野营路上战士的情怀和境界——苦被酿成了甜。

❷ 用训练之苦来衬托将军对写诗的热情和他苦中寻乐的精神。

20世纪90年代初，战士徐洪刚的名字曾经响彻祖国大地。这位"见义勇为的英雄战士"，就出在岳宣义将军所在的部队。当时，岳宣义是该集团军的政治部主任，当发现徐洪刚的英雄事迹后，他意识到其行为的精神价值，立即组织发掘、整理和宣传工作，使全军乃至全国兴起了"向徐洪刚同志学习"的活动。看到自己的战士响亮地立在了全国人民面前，岳宣义喜不自胜，他随即兴奋地吟道：① "群雄逐鹿高峰，惊涛拍击天公。人间偏有闲狐兔，黄沙苦雨酸风。大鹏突起乌蒙，展翅直上九重。挽起金沙洗苍穹，休说有虫无龙！"（《西江月·徐洪刚》）

无疑，这是一首时代精神的赞歌，但又何尝不是对假恶丑的怒斥和对真善美的呼唤呢！

② 岳宣义将军毫不避讳自己是从农民家庭里走出的苦孩子。他说，是家乡那山的风骨、水的风韵、人的风情、先祖的风流，陶冶、滋润、激励了自己的情怀和心灵，从小便抱定了报效祖国的志愿。正因为这样的成长背景，才使岳宣义把爱祖国、爱人民、爱军队的一腔热血和真诚倾注在了他的一首首诗词歌赋里。40多年来，他不仅把自己的本职工作做得很出色，而且已成功创作出近千首诗作，发表在军内外的诸多报刊上。作品传遍大江南北，入选《将帅诗词》，并且已出版多部诗集，2003年他又被中国作家协会吸收为会员。

我们的话题又回到了他所从事的纪检监察工作和诗歌创作上。

岳宣义的秘书李晓告诉我说，岳将军的业余爱好除了散步、打台球就是看书和写诗。③ 他办事认真严谨，而且讲求实效，工作起来一丝不苟。尽管他每天的工作都排得满满的，调纪委后还是创作和发表了不

① 徐洪刚同志是20世纪90年代的英雄模范。作者引用岳将军为徐洪刚作的诗，字里行间洋溢出对解放军战士的敬佩之情。

② 岳将军从不避讳他的出生，他爱自己的家乡，也将这份感情转化为爱国的情怀。

③ 作者借助将军秘书的叙述，将岳将军对诗歌的热爱直接呈现在读者的面前。

少诗作。岳将军则说，下班后他要坐半个小时的汽车才能到家，每当此刻，就在他闭目回放一天工作的同时，常常也情不自禁地要过滤一下有无诗情妙句光顾，有了就及时记下。一些小本本、纸片片真的帮了他不少忙呢。说着，岳将军还吟诵了年初去十渡参加北京市监狱管理局纪委举行的"加强党风廉政建设问题"座谈会时写就的一首新作：

> 追着红日到京西，
> 晖洒山川满眼奇。
> 有情碧波生十渡，
> 无欲群雕耸万尺。
> 啄木鸟，保健医，
> 几人知晓几人识？
> 忍辱负重唤春来，
> 声震东风卷旌旗。

① 诗情是浪漫的，职责是神圣的，工作是繁忙的。那天，本来说好我们几人要合影留念，谁知话题尚未结束，一个电话打来，说有件"要事"正待他上阵，不可耽搁。放下电话，将军拿起皮夹包就走。那匆匆的身影，使我想起了战士的冲锋……

❶ 作者运用排比的修辞手法，突出了将军对工作的热情任何事情都没有本职工作重要。

延伸思考

1. 文中提到了将军诗人岳宣义，他是如何将自己的军队经历和诗歌创作结合在一起的？请详细描述。

———————————————————————————————

———————————————————————————————

2. 作者在文章中提到了岳宣义将军的诗歌作品，他的诗歌受到了哪些荣誉和认可？请举例说明。

———————————————————————————————

———————————————————————————————

3. 文章中提到岳宣义将军的工作和诗歌创作之间的平衡问题。如何描述岳宣义将军在工作和诗歌创作之间的平衡？

———————————————————————————————

———————————————————————————————

满眼秀色染诗心

名师导读

　　南宋著名诗人陆游曾经说过："汝果欲学诗，工夫在诗外。"意思是学习写诗，不能就诗学诗，而是应把功夫下在掌握渊博的知识和参加社会实践上。走遍天下，游历名山大川，品味风土人情，参加社会生产活动，都会有感而发，写出的诗歌也就有了生命力。本文讲的就是这个道理。

　　① 一溪秀水，流韵潺湲；一条绿道，枝抚叶慰。这秀水，这绿道，依山势，就水形，宛若一对热恋的情人，彼此缠缠绕绕，不离不弃，一路蜿蜒而去。

　　秀水名为永安溪，波光粼粼，千年不枯，被仙居人称为母亲河；绿道，是仙居人近年来新打造的一条步行道，一路花映荫蔽、绿意盎然。

　　这曲曲弯弯的景观去了何方？终点又在哪里？问号一出，神仙居"方丈"陈子干先生的回话便飘了过来：② "绿道设计总长度为 500 余公里，现在已经修通四分

❶ 作者直接以秀水点题，开门见山，不落俗套。然后以非常亲切的明喻，刻画出了秀水、绿道两者之间的关系，为下文做了较好的铺垫。

❷ 这一小段文字内涵非常丰富，寄托了振兴美丽乡村的梦想。

之一，用不了太久，它就会走乡串镇，把仙居县境内的村村寨寨紧密地连接在一起。"

我顿悟：这是在织一张绿色的网呀！画家心化于形，诗人意外于句，作为当地父母官，爱家乡惜山水追求美好的愿望，不正是外化于景吗！ ① 能以画的眼光审视布局，以诗的情怀安排山水，把生机和活力裹挟，让健康和快乐同行，而且还要连接成网，可见其善心其境界。网是什么？它无止境无终极无遗漏，那里隐匿着的可是一个无限数呀！这是否象征了这网打捞起的好日子没有尽头，长着呢？而且还要连接一起，共同分享。

② 漫步绿道，枝叶间有花朵微笑，耳边闻翠鸟鸣啭，脚下是溪水淙淙，嬉戏的鱼儿轻摇银尾，如此景色驻之仙居，实乃恰如其分。望此生彼，不由我又回想起当年驻守黄土高原的一幕。

沟多没水流，山多和尚头，遍地是黄土，风吹石头走。这是当初面对寸草不生的营房驻地，大家对那片荒漠的形象描述。那里的路，晴天洋灰（扬灰），雨天水泥。苦中求乐、喜好幽默的战士们曾经想，要是有棵树该有多好。听者有意，还就有浙江战友探亲时从家乡带来几棵树苗。见到了那几株翠绿，战友们像见到了亲人一样亲热，像见到了江南风景一样兴奋，大家立即七手八脚把那几簇绿意植于连队营房门口两侧。黄土高原常年干旱，没有地下水可取，吃水都是由部队送水车从几十里外运来的，那时候，节约用水就成了新兵入伍的第一课。尽管如此，大家每人每天还是要自愿节省出一点点清水，分送给小树享用。日

❶ 振兴乡村，美丽中国，需要设计者匠心布局，富有诗情画意，方能成功。作者紧扣"美丽"二字，讴歌了仙居父母官的思想境界。

❷ 作者以拟人的修辞手法，对仙居的美景赞不绝口。

升月落，朝来夕往，在大家的经心侍弄下，那几棵小树也在慢慢长高。后来，^①由于部队移防，营房废弃，不知那几棵小树的命运该是如何。由于有了这样一段心结，当看到完全用绿色营造出的仙居绿道之后，心情着实地被这绿浓浓地染了一层。甚至想，当年军营门口的那几棵小树，如果能迁移到仙居生长，该是多么幸运呀！它肯定也会像仙居的所有绿植一样，热情地加入这支庞大的绿色合唱队伍，不知疲倦、不图回报地甘愿奉出那份被绿染透的歌声。

绿是春天和兴旺的布告，绿是生命蓬勃的宣言；绿是单纯，绿是幼稚。仙居人就是因了这"单纯"和"幼稚"，迎八方客，暖百姓心。^②在绿道上，哪怕只是很随意地走一走，那茂密所释放出的超高负氧离子，也足以让心灵和肺叶像沐浴了一场盛大节日般地舒畅。

看书时曾见这样一说，中国的北方是男人，南方是女子。到仙居后，看了与绿道结缘同行的永安溪水和那绿润润的空气，还真的有些相信了。那弯曲的水形婀娜多姿，像极了翩翩起舞的江南少女；那潺潺的清澈轻抚绿岸，又恰似纤细的柔指梳捋刘海儿。

美好的山，温润的水，谁见了都爱。"军营门前有一条小溪 / 每逢星期天溪水都格外地绿 / 问班长他总是笑着不语 / 仿佛那是大自然的规律。"面对一道北方的溪水，当年一位叫智猛的浙籍战友曾经写诗抒怀。^③"溪水又绿了 / 我沿着溪水寻找绿的秘密 / 泉水边响起雷锋之歌 / 哦，班长走来了 / 他手提一桶绿军衣。"

那时候我和智猛都爱诗写诗，我写了《身旁流着一

❶ 黄土高原气候干旱，浙江仙居温暖湿润，作者通过两者不同的生活体验，叙写了自己对美好生活的希望，表达了对仙居的赞美。

❷ 仙居，仙人所居，景色美丽异常。作者运用了明喻的修辞手法，非常形象地刻画了自己在绿道上行走时的神奇感受。

❸ 这首小诗虽然比较普通，缺少华丽的辞藻，但是字里行间洋溢着战士积极向上、乐观高尚的精神风貌。

条小溪》，表达对亲人的思念；他则把战友情、同志爱抒发得酣畅淋漓。只是就在我去军校学习时，这战友退伍离开了部队，从此杳无音信。智猛那么热爱异乡的山水，对于江南家乡他一定会爱得情更深，意更切，说不定在这水润的江南绿道上就有他抛洒的心血与汗水呢。

① 如果你也来到这根须深深扎进历史的仙居县，走进这文化厚重得不可搬动的天姥山，面对这景这色，不知道用什么语言去表达爱意时，我敢说，每个人都难免会张开想象的翅膀，让自己的心灵去实现一次跨界飞翔。

❶ 仙居，隶属台州，宋真宗时因感叹景色非凡故改为仙居。作者以通感的写作手法，讴歌了仙居宜人的景色和厚重的历史文化。

延伸思考

1. 文中提到了仙居县的绿道项目，可以连接村村寨寨。请问绿道的设计总长度是多少？并描述其发展目标。

_____

_____

2. 作者在文章中提到了军营门前的小溪和智猛的诗作。请简要描述这条小溪的特点，并提及智猛的诗作中表达了什么情感和思绪。

_____

3. 作者在文章末尾提到了仙居县的山水景色，描述了它们的美丽。请问文章末尾作者对仙居县的山水景色有什么感受和表达？

_____

_____

第四辑
坝上月

月亮是一位不知疲倦的登攀者，她没有因种种赞美和感叹而沾沾自喜，而止步不前。月亮继续上升。月亮开始以她银色的光芒涂抹坝上之万物，装饰物中之灵魂了。

【预测演练】

阅读下面文章，回答问题。（12分）

坝上月

①既然有人把灵魂视为一座建筑，我便有理由认定：这坝上月就是建筑它的材料。

②今晚的月亮是和夜色同时闯入坝上的。

③月轮满载着惊异，满载着慰藉，从东山坡顺势奔来。那气势，浩浩荡荡不可阻拦；那声响，轰轰隆隆惊天动地。我珍视这宇宙里的诞生，我谛听这天籁间的呐喊。我敢说，凡身临坝上，目睹了此初升之月者，很难再找到不被震撼和不被惊诧的灵魂了。

④月亮是一位不知疲倦的登攀者，她没有因种种赞美和感叹而沾沾自喜，而止步不前。月亮继续上升。月亮开始以她银色的光芒涂抹坝上之万物，装饰物中之灵魂了。

⑤月光如潮。月光是被一道堤坝囚居在草原上的。坝上的月光浩浩渺渺，沐一场月光浴吧。清纯的月光水能涤去污浊，幽谧的月光水能洗去烦忧。最好把浮躁的心也掏出来泡泡，让它袒露原色，

让它在本来的位置上蓬勃跳动，跳动成一种景观，跳动成一曲和谐、优美的旋律。

⑥月亮如饵，诱惑了千般心情；月光如丝，柔柔地织成了一张巨网。我的心被这网捕捞住了，情便无处逃脱，任由这网的摆布——

⑦我向月祈祷，我向月倾诉，我向月忏悔。

⑧月如鼓，振聋发聩；月如号，邀群呼众；月如花，芬芳四溢；月如醇，令人陶醉……

⑨这才是李白、苏轼为之豪饮，为之狂舞，为之放歌的月亮呀！这才是千百年来远避于坝上草原，默默地明亮、悄悄地照耀，不闻不问坝外那夜的辉煌和灿烂的月亮呀！

⑩好一部生动的童话剧，好一支美妙的梦幻曲，好一首缥缈而空灵的诗……一切的创造和意境，都在这里孕育并诞生。

⑪月，这坝上草原之夜的主宰者，这夜色里的精灵鸟。

⑫不要再说你是游弋于太空的一块废弃物！不要再说你是被抛弃在宇宙里的一具僵死的尸体！凄清不属于你，孤寂不属于你。你才是那片柔抚万物、光顾众生、可饮可餐、"梦里寻他千百度"的秀色啊！

⑬坝上月不断上升，她已经站在了生命的制高点上。尽管偶尔有几缕云丝羁绊，但她很快就挣脱了。即使有积云冲撞裹挟，也不能动摇和遮掩她慷慨赐予的万缕辉光。

⑭这时的坝上月，晶莹如珠玉，明亮似宝镜，人世间的所有一切仿佛都在她的窥察之中。仰望此时的月，一种用纯洁修饰自己的向往油然而生，禁不住要认真地审视一番自己了：看走过的途径有几多曲折，数身后的脚印是否端正，望前方的陌路该如何选择！

⑮选择是必然的，因为有坝上月的照耀和引导。

⑯我相信月，相信这坝上的月；我寄希望于月，寄希望于这坝上的月。我将走向一片莹洁与美好。因为，坝上月已经高高地悬挂在我心的天空，永不陨落。

1.有读者认为张庆和的这篇《坝上月》写得杂乱无章，你认同吗？为什么？（4分）

_____

_____

2.“坝上月能洗礼人的灵魂。”这是一位读者读完本文后写下的感受。请你结合文章内容谈谈他说这句话的理由。（4分）

_____

_____

3.从以下事物中选取一种，写一段富有诗意的话，以寄托该事物给你的启迪。（4分）

供选事物：溪流、翠竹、荷花、蚂蚁

_____

_____

仰望雪山

名师导读 ▶

> 雪山，白雪皑皑，常年堆积着厚厚的积雪，终年不化。雪山，高耸入云，气候寒冷，千山鸟飞绝，万径人踪灭。正是由于雪山的高大巍峨，高不可攀，所以才给人以景仰的感觉。但是伟大的红军将士，在没有充足给养的条件下，凭着顽强的革命精神和钢铁意志，创造了人类的传奇。

千里迢迢，奔赴耸立于川北地区的雪山脚下，大脑传递的第一个信号，就是仰望。

① 哦，仰望雪山——

这是由崇敬酿成的久盼所导致的一种以亲切的目光触摸晶莹的姿势。

这姿势，曾经是一种向往，是一种期待。

❶ 作者运用通感的修辞手法，开门见山地提出了自己的观点，非常真实地传递了真情实感。

你，被风云簇拥，由雷雨裹挟，受信念委托，咔嚓咔嚓，又让照相机们悄悄地摄进底片，植入心灵，并且成为一种静默的美丽。

红军爬过的岷山雪峰呀，一种使岁月的流水无法涤去的记忆。

① 在仰望者心里，你是一座丰碑，你是一笔遗产，你是送给未来和希望的一件珍贵的礼物；你是巨轮，你是扬帆，向着未来，正破浪行进。

你不是那位白发苍苍的长者，手持拐杖，喋喋不休，总爱把昨日的辉煌挂在嘴上；你也不是大草原上那顶追随季节搬来挪去的蘑菇帐篷，东西南北，居无定所；你不屈，你坚定，你刚毅，你是曾经嚼碎过一个腐朽时代，至今依然完好无损、颇具硬度的钢牙利齿……

❶ 作者运用排比的修辞手法，将雪山比作丰碑、遗产、礼物、巨轮等，可见雪山在作者心中的地位之高。

延伸思考

1. 文中提到的雪山被描述为一种仰望的对象，仰望者对雪山有着怎样的情感和期待？

_____

_____

2. 文中提到的岷山雪峰被形容为一种无法被岁月流水涤去的记忆。这句话传达了什么样的情感？

_____

_____

3. 文中对雪山的比喻以及描述雪山的特点，传达了怎样的寓意和情感？

_____

_____

狼牙山远眺

名师导读

　　狼牙山，位于河北省易县，原本籍籍无名。但是在中华民族那场大劫难中，五位壮士勇敢抗击侵华日军，弹尽粮绝之后在此跳下山崖。他们可歌可泣的英雄事迹传遍全世界，狼牙山也因此成名。作者讴歌赞美狼牙山，实际上是在赞美伟大的狼牙山五壮士及其伟大的抗日精神。

　　①狼牙山本无名，在中华大地上它仅仅是千万秀峰中极为普通的一处。然而，自从那年那月那天的那一场抗击恶魔的战斗之后，狼牙山便有名了，继而名扬天下。

　　蒙蒙细雨中，我听到花草在歌唱，大山在诉说：

　　兽性的蹄在践踏我们的国土，锋利的刀在血刃我们的百姓！苦难中挣扎的中国人民啊，外受欺辱，内遭蹂躏，血性的男儿岂能熟视无睹！于是，在大江南北，在黄河两岸，山，举起了刀枪；水，唱起了战歌。

❶ 直奔抗击日寇的主题，激发读者的爱国主义热情，吸引读者的兴趣。

99

① 很多人对前线作战没有深刻的体会，无法体会前线的含义。作者运用通俗的写法，对前线的内涵进行了生动的解释和说明。

② 在前线，面对生死抉择，作者列举了两类情况，为下文歌颂狼牙山五壮士跳崖的壮举做了铺垫。

③ 对于狼牙山五壮士气吞山河的壮举，作者连续运用了三个排比句进行高度赞颂，气势恢宏，令人震撼。

千千万万有志男儿，一起奔向了抗战前线！

① 前线，其实就是一条生死线。在那里，前进一步，就要遭遇敌人，就要殊死搏杀，就要付出血的成本和生命的代价。所以，② 在前线，敢于前进的，是勇士，是英雄，是耸立在人们心中的景仰。而胆怯退缩的，就成了逃兵，成了叛徒，成为千古唾弃的耻辱。狼牙山的五位勇士，面对多于自己数十倍的对手，他们选择的始终是"前进"，并且一直前进到无路可走的最高峰。这高峰，不仅仅是一种地理高度，更是一种精神信念的高度。站在这高度上俯视，苟且的众生渺小了，凶恶的敌人低矮了，所以勇士们才选择了折射生命之光的另一种前进，踏着脚下的渺小和低矮，高呼着胜利的口号，纵身跳下了万丈悬崖！

③ 那是惊天地泣鬼神的一跳，是震撼亿万心灵的一跳，是让生命和青春瞬间升华的一跳。那一跳，如雄鹰捕猎，让一股英雄气激荡神州。那一跳，若流星闪烁，把光明播撒进天下人心中。勇士们以自己青春生命的凋谢，让祖国收获了胜利的果实。

可不是嘛！听，风在吼，马在叫，黄河在咆哮；看，在高高的山岗上，在密密的丛林里，子弹射进了敌人的胸膛，大刀向鬼子们的头上砍去……那是一段怎样波澜壮阔、激情燃烧的岁月啊！

登上五勇士舍身跳崖处，仰望高高的五勇士纪念塔，心中不由生出些感叹。

举目眺望，不远处清西陵似隐约可见。清王朝入关后的第一代皇帝就曾经规定，不论谁登基坐殿，自当皇帝那天开始，就要为自己选陵造墓，甚至一座比一座奢华，其目的无非是想要自己死后不朽。至于皇帝们的墓地花去了国家多少银子，谁也无法说得清楚。① 而只知贪婪吮吸人民血汗的皇帝们，如今除了能使一些喜好戏说的电视剧制作人还能赚些小钱外，已经再无多少实质性价值可言。可五勇士却不同，他们生前无所求，死后无所取，为祖国、为人民义无反顾的英雄气概，已经成了一种精神，一种基因，浸入中华文化的血脉之中，营养着不屈不挠的民族之魂。

② 登山时，雨一直在头上飘，雾一直在身边绕，狼牙山被笼罩在迷蒙之中。一到山顶，骤然间雨停雾散，山也明亮起来，仿佛五勇士睁开的眼睛。

那天下山返回已是中午，看到还有很多人正在向狼牙山顶端攀登。这么多人，为什么要来？是祭祀？是追忆？还是仅仅为了看景？如今，人们的思维已经不再局限于行走于一条通道了，不管登山者们出于何种动机，但有一点可以肯定：只要来了，就不会不知道五勇士和五勇士的动人故事；天天月月年年，前赴后继，那动人的故事就会不停顿地在人们的灵魂深处复活。③ 所以我才有理由说，五勇士的壮举，作为一道风景，必将与狼牙山一起，在人们的记忆中永存。同时，也很希望那些曾经企图把狼牙山五勇士从学生教科书里删除的人，不妨也来狼牙山走走看看，让激荡在这里的那股英雄气，拂去心灵的浮尘。

❶ 作者将那些耗费巨资建造陵墓、希图永垂不朽的封建帝王和义无反顾抗击日寇的五勇士进行对比，突出了中华民族精神的永恒。

❷ 雨中登山，有一种非常特别的感受。作者对登山时的雨、雾进行了简要的描写，对抒发对狼牙山五勇士的真挚情感起到了烘托作用。

❸ 狼牙山五勇士的壮举，惊天地泣鬼神，震惊全世界。但总有一部分别有用心之人希图毁灭中国人的民族记忆。作者以宽大的胸怀提出了警醒。

延伸思考

1. 五勇士为什么被人们永远铭记和敬仰？

_____

_____

2. 文中提到了狼牙山五勇士的壮举和精神对中国文化和民族的影响。请简要描述这种影响。

_____

_____

3. 文中提到了登山者们来到狼牙山，不管出于何种动机，都会了解五勇士和他们的故事。为什么作者认为五勇士的故事会在人们的记忆中永存？

_____

_____

漫步赵登禹路

名师导读 ▶

　　忘记历史等于背叛。日军侵华 14 年的血腥史，给中华民族造成了前所未有的大劫难。在这场大劫难中有赵登禹将军等无数英雄奋勇杀敌，拯救华夏于水火之中。本文基于"没有英雄的民族是可怜的，有了英雄而不加珍惜的民族是悲哀的"理念，警醒国人勿忘国耻，勤勉自立，为国家的繁荣富强而努力奋斗。

---

　　① 本是一条普通的道路，而用一位抗战英雄的名字命名之后就显得不平常了：会听到英雄的呐喊，会望见燃烧的战火，会触摸到一种精神的硬度，还会向往一种努力向前向上的高度……走过这一条路的人，有千千万万，而有所感、且能用笔记录下此种感慨的人并不多。可以说，是爱国、忧患、多思的情怀触动了作者灵感，才生成了这篇美文。

　　这是一段淬火的历史。阅读它，会望见一片燃烧的

❶ 通感是一种修辞手法。作者借助于赵登禹将军响亮的抗日英雄的名号，抒写了自己有感而发的爱国情怀，令人肃然起敬。

烈焰，会触到一种精神的硬度，会听见一位英雄的呐喊。

——壮士气吞山河，热血如沸，一把挥舞的大刀，正向鬼子们的头上砍去。

那大刀，集聚了民族的愤怒，凝结着正义的力量。砍得痛快，杀得淋漓。

① 是狰狞，就该死亡；是邪恶，就当诛杀。历史，本来就该这样。

然而，那时候，病弱的中国竟无力扶起一个勇士的身躯，终因寡不敌众，你壮烈地倒下了——倒在了抗日救国的最前线，倒成了一种不屈的楷模，倒成了一个民族的希望，直至倒成了这条横陈的大路，让所有踏上你躯体的来者，每走一步，都感到了一种撕心裂肺的疼痛。

② 这是一根颤动的琴弦。弹拨它，犹闻战马嘶鸣，如见杀声震天。每一个音符，都高亢强悍得使人从心底迸发出一种不可遏制的刚烈。

一个英雄倒下了，千万个英雄站起来。

——起来，不愿做奴隶的人们！到敌人后方去，加入那一曲黄河大合唱：滚滚浪涛在咆哮，那是中华民族的热血在沸腾。到林海雪原去，打一场埋葬罪恶的游击战争：地道战，地雷战……你的英魂犹如一把神梭，把天南地北的抗日力量，织成了一张张天罗地网……

"西边的太阳就要落山了，鬼子的末日就要来到了。"那一曲跳跃在土琵琶上的旋律，可是这颤动的琴弦弹出的激昂！

这是一个竖立在人们心中的惊叹号。它的存在，

❶ 作者以激进的词语，昂扬的语调，运用了对偶的修辞手法，字里行间洋溢着对侵华日军的愤恨之情，令人心潮澎湃。

❷ 作者运用了暗喻的修辞手法，将赵登禹将军战场牺牲的伟大事迹比作颤动的琴弦，鼓舞着千千万万中国人奋勇杀敌。

是一种提醒，是一种警示。

它提醒：① 是英烈的忠骨巍峨了这里的高楼大厦，是勇士的鲜血滋润了路边的红花绿柳；这是一根世代传递的接力棒，接过它，就不会被霓虹灯的缠绵迷惑、醉倒……

它警示：蓝天上还盘旋着袭击大地的凶风恶雨，洞穴里正窥视着企图吞噬安宁的狼虫虎豹；走在这条拦阻祸水的长堤上，人们的心田里，会情不自禁地生出几丛责任，长高几分使命……

② 是的，这条路是一种境界，踏上去是一种高度；这条路是一种象征，走下去便孕育忧患；这条路是一种季节，它给予人们的，是对兴旺的求索和对收获的期待……

**① ** 作者以强烈的爱国情怀的笔触，讴歌了无数牺牲的抗日勇士，同时以接力棒做比，提醒国人勿忘国耻，不要在纸醉金迷中忘记历史。

**② ** 人民用命名赵登禹路来提醒自己时时刻刻记住英雄，记住这段抗日的历史。作者以排比的修辞手法，鲜明揭示了这条路内涵的深刻。

延伸思考

1. 为什么文章中的道路以抗战英雄赵登禹的名字命名，它代表了什么？

_____

_____

2. 文中提到的大刀挥舞和战斗场景，是在描述什么事件？

_____

_____

3. 作者如何描述赵登禹以及其他抗战英雄的牺牲和影响？

_____

_____

魅力柳祠

名师导读▶

什么样的人才能永垂不朽？对于这个问题，毛主席早就给出了答案：为人民利益而死，就比泰山还重；替法西斯卖力，替剥削人民和压迫人民的人去死，就比鸿毛还轻。千年以前的柳宗元之所以至今还被人民所记忆，就是因为他不仅诗词功力非凡，更是因为他的心里永远有着百姓。

❶ 作者开门见山，直接运用了拟人的修辞手法，将秀水和城市的相辅相成、相得益彰的景貌刻画得生动、直接、形象，令人印象深刻。

① 一川秀水，浩浩汤汤。来到这里倏地张开两臂，把一座城市揽进了怀里。这水便取名柳江，这城就是柳州。

柳州山奇水隽，地净天蓝。古老的故事和现代的文明相辉映，魅力之光照亮了万千游人的心境。照亮我的则是柳侯祠那被世代祭祀、参谒了1200百多年的精神之光。

柳州四日，我曾两度走进柳侯祠，只为寻觅那光之源，只为朝那光源之体——柳宗元的"封土"再深深地鞠上一躬，以慰我景仰已久的心之愿。

初闻柳宗元是缘于那首尽人皆知的《江雪》："千山鸟飞绝，万径人踪灭。孤舟蓑笠翁，独钓寒江雪。"那时尚年幼，也不懂诗，隐隐约约感知的，是大雪天里有一个不怕寒冷、专心致志正在钓鱼的老人，他不怕寒冷，很可爱，也很可敬。

①揣着沉甸甸的诗意，十五年前我曾有幸造访过湖南永州的浯溪碑林。那是柳宗元的第一次贬谪之地，在那里他度过了十年的孤寒岁月，《江雪》就是在那样一种不幸和倍受磨难的境遇下孕育而生的。碑林半日，我仰望了柳宗元雕像，也目睹了他留在石碑上的铭文，但心里却始终有一种没能触摸到他精神根部的遗憾。

感谢柳侯祠里那拂去尘埃的史页，他让我走近了那个被世代怀念和景仰着的柳宗元，让我更真切地触摸到了他思想的脉搏……②他从哪里来？又到了哪里去？一切都变得明晰起来……我望见了他精神的高度——"虽万受摈弃，不更乎其内"积极向上的用世之道；我觅到了他精神的根部——为国家忧，为百姓虑，博大而善良的诗人兼思想家的政治情怀。

柳宗元是四十七岁时病逝于柳州刺史任上的。世世代代的人们之所以景仰他，参谒他，除了其散文诗歌的巨大成就之外，与其勤政、清廉、爱民的人生观以及在柳州刺史任上的积极作为是不可分的。

彼时，柳宗元虽属贬官，可他对自己的要求却很严谨。还在赴任的路上，他就蓄结了"从此忧来非一事，

❶ 作者以对柳宗元深沉的敬意，叙述了十五年前的拜访柳宗元第一次被贬谪之地的所思所感，揭示了身处逆境柳宗元创作《江雪》的背景，令人敬佩。

❷ 世人都知道柳宗元是著名的诗人，但是作者拂去历史的尘埃，从柳宗元的思想深处去挖掘诗人的精神高度，揭示了诗人博大的政治情怀。

岂容华发待流年"的美好心愿。到任不久，经过了一番认真"调查研究"之后，他就开始了兴利除弊的施政措施：兴教育，除巫术，打井栽柳，植柑种花，制定新政，解放奴婢……一项项利好新政不断出台，大受当地百姓欢迎。短短几年时间，人民富裕，社会安定。正如柳侯祠碑文所铭："民业有经，公无负租，流逋四归，乐生兴事。宅有新屋，步有新船。池园洁修，猪牛鸭鸡，肥大蕃息。子严父诏，妇顺夫指，嫁娶葬送，各有条法，出相弟长，入相慈孝……"直至众百姓因为感谢和敬重柳宗元，怕执行不好新政惹柳侯生气，而自觉学习："老少相教语，莫背侯令。"

❶ 什么样的人生才是成功的人生？什么叫作不负此生？柳宗元不但诗文非凡，而且得到人民的爱戴，柳宗元用他的一生给出了正确的答案。

① 有什么能比人民的热爱和拥戴更伟大呢？柳宗元拥有了，所以他的诗文和政绩才一起成为一种摇撼人们心灵的力量和珍贵遗存，被世代念念不忘。

柳宗元悯民、爱民，也是有不少传说和记载的。他主张"吏为民役"，说当官的要为老百姓办事，要做人民的仆役。《柳州罗池庙碑》就这样说："柳侯为州，不鄙夷其民，动以礼法。"柳宗元在他的《柳州峒氓》一诗中，面对着当地贫穷落后的状况，也表达了他同情劳动人民，"欲投章甫作文身"，要与贫苦人民一道努力，改变落后面貌的决心。② 为此，柳宗元和当地人民曾一起栽柳，一起植柑，还去偏僻地方调查民俗风情，和少数民族群众交谈，听不懂他们的话，就找人翻译……

❷ 作者以柳宗元在柳州栽柳、植柑、调查风土人情等事例，体现了他为国为民的政治情怀。

读史书的记载，听古老的故事。古往今来的所有好官几乎都是同时具备勤政、清廉、爱民这些品格，柳宗元无疑都做到了，而且做得很出色。从人生观念上他主张"君子谋道不谋富"；从他的事迹上，世代都有传述，说他一生清贫，死后连下葬的花费都是朋友和亲友凑集的。

伟大来自平凡，伟大也来自平易。是平凡和平易造就了伟大的柳宗元。所以，当他的棺木要运回永济老家时，柳州人民都争相为他抬棺相送，而后又为他建造"罗池"，以资世代纪念。

一个把人民装在心里的人，人民把他举到了高处；一个为中国文学做出了巨大贡献的人，历史珍存了他的墨迹。假如柳宗元也是一个贪得无厌、有恃无恐，不通民情、无所事事、刚愎自用、仗势欺民的贪官、昏官，行施苛政的恶官，他在人民的记忆中还能有如此重要的位置吗？

① 然而，柳宗元毕竟是柳宗元，他有教养，怀志向，一生积极济世。柳州，也便在有意无意间造就了一位彪炳史册的杰出人物。柳侯祠，无疑成了一条激励人们奋勉向上的文化根脉；柳州这座千年古城也因他而平添了几分魅力。

❶ 一个人影响了一座城。作者以简洁的语言，细腻的情感，抒发了对柳宗元在柳州的杰出贡献的赞美之情，揭示主题，呼应前文。

延伸思考

1.为什么柳宗元的名字在柳州有如此深远的影响？

_____

_____

2.文章中提到了柳宗元的哪一首著名诗歌,以及这首诗歌的内容是什么?

_____

_____

3. 柳宗元的政绩和为人民做出的贡献有哪些?

_____

_____

佗城不是城

名师导读

　　本文的篇名"佗城不是城"，别具一格，引人入胜，体现了作者构思的精巧。佗，就是南越王赵佗，他为大秦的开疆拓土、安抚居民以及南越安宁、和谐发展做出了杰出的贡献。正是因为如此，毛主席对南越王赵佗给予了非常高的评价。那么南越后来发展如何呢？老百姓是不是家家户户生活富足呢？请阅读本文。

　　<u>①佗城不是城，是一个镇。不过，2200 多年前的这地儿，还真是个城，是龙川县的县城。这县城是秦始皇下旨设立的，它的首任县长就是后来当了南越王的赵佗。</u>

　　赵佗少年得志，雄姿英发，精通文韬武略，19 岁就成为 50 万平南大军的副统帅。赵佗很有出息，他胸怀"仁政爱民"的政治理想，挟着秦国的文明，一当上县长，就立志改革。引进铁制的生产工具，传播先

❶ 这是作者写作的特色之一。作者开篇就对文章标题进行了解释，解答了读者心头的疑惑，吸引读者继续往下阅读。这种写作技巧值得学习。

111

进的秦国文化，帮助越人摒弃原始、落后的生产方式和生存状态，实施"和辑百越""汉越一家"的民族融合政策。短短6年时间，就把个龙川县治理得井井有条，上下和谐，百姓安居乐业，生产水平和生活质量都有了很大提高。

　　① 人们拥戴和感激这位给越人创造福祉的人，为他建祠，为他塑像，为他立传，直至把龙川县的旧城叫成了"佗城"。而有着900多年历史的南越王庙，堪称赵佗在人们心中耸立的符号。

　　20世纪40年代末，毛泽东曾经风趣地对要去岭南工作的同志说："赵佗是南下干部第一人。"在与客家人的交谈中，他们也认为赵佗应是第一批南迁的客家人。当然，为了南越的巩固和发展，赵佗后来还采取了一次移民措施，由他建议，秦二世批准，以为军士缝补衣被为由，从北方征迁来一万五千名未婚少女。这些少女，一个个花朵般水灵灵鲜亮美丽，后来也没能再回到故乡，有的嫁给了那些征战岭南的军人，有的嫁给了当地的越人，为其生儿育女，荫泽子孙，为南越的文明和进步做出了自己的奉献和牺牲。有人说，岭南女子个个娇俏，也许正是那一个个美少女的基因所传。佗城镇有一个村庄叫佗城村，全村才2000多人，而姓氏却达140多个，这在全国少见。人们称这是一座姓氏博物馆，也是2000多年前的那批南下军人们就地安家落户的活见证。

　　走在佗城的大街小巷，仿佛穿行在历史丛林深处，脚下的每一块砖石都能发出古老的回音，身边的每一

❶ 《孟子·离娄章句下》说过："爱人者，人恒爱之；敬人者，人恒敬之。"赵佗给越人创造福祉，老百姓就以最大的诚意对他表示感激。

件物体都会讲述昨天的故事。

苏堤是佗城的一大胜景，建于宋代。当初，大文学家苏辙被贬官来到这里后，看到当时鳌湖旱涝无常，村民田园年不保收，生活艰苦。于是，苏辙就倡议村民筑堤堵水灌田，从此年年旱涝保收。后人为纪念他，便称此堤为苏堤。

其实，如果故事仅仅是这样，却也没什么太打动人之处。偏偏苏堤对面一座小亭子里的两副对联，令人对它不得不产生兴趣。

① 其一：此地亦良佳，勿太忙，且暂时休息；前途应尚远，莫多恋，但少顷便行。

其二：为名忙，为利忙，忙里偷闲，且在凉亭坐坐；劳心苦，劳力苦，苦中寻乐，卿将往事谈谈。

② 对联像是说书人的开场白，也有劝人宽心舒畅之意，且充满哲理，令人回味。试想当代那些猛贪的人物，如果早读懂了此联，且践行之，说不定他们就不会堕落成人民的罪人了。

山山水水到过不少地方，曾经这样想：出外旅游，观山听水看风景，自是应当之事。但，如果要把一般旅行赋予一个文化的内涵，仅此便难胜其任，似乎只有贯以"读"的意义，方能读出山水的灵性，读出风景的神韵。以上两副对联，似乎在验证拙见。当然，读山水风景与读对联的意味是不尽相同的。

距南越王旧居不远处有一口井，叫越王井。此井有2200多年的历史，它滋润过南越王的口唇，也流经过普通百姓的肠胃，至今仍水波潋滟，清澈甘冽，从

❶ 一座建筑如果没有文字，便是失去了灵魂。作者引用了小亭子里两副巧妙的对联，表达了岭南人独特的生活哲学。

❷ 作者借对联赞扬古人智慧，批判当下部分人的贪腐堕落。

未干涸。南越王活了 101 岁，据说就是因为喝了这井里的水。

南越王的长寿究竟是否因了这井水，不得而知。但，佗城如今长寿的老人多，却是事实。据当地人介绍，仅 2000 多人的佗城村里，95 岁以上老人就有 98 人，100 岁以上老人也有 3 人。应该说，这些老人长寿与饮用的水和食用的粮不无关系。

① 行走在佗城，俯视身边流水清澈，眺望远山树木葱郁，不由想到了人对大自然的依赖和对其保护的责任与义务。佗城人或许正是因了这里的青山绿水吧，再加上他们因袭了祖上底根旺、底色强、底气足、底蕴厚这些从远古奔来的源源不息的流韵的滋润，心灵洁净，身体康健，那一颗又一颗长寿星的光芒，偏爱他们，照耀他们，也就不足为奇了。

❶ 作者通过对在佗城的所走、所见、所思、所想，表达了对佗城镇老百姓热爱生活、勤劳能干、身体健康的本真生态深深的敬佩和爱慕之情。其实这又何尝不是中华民族最伟大的特色呢！

延伸思考

1. 赵佗是如何影响龙川县的历史和文化的？

_____

_____

2. 赵佗采取了什么样的政策来促进民族融合？

_____

_____

3. 为什么佗城镇被称为"姓氏博物馆"？

_____

_____

客家土楼

名师导读 ▶

在福建西南部的山谷中有一种奇特的建筑巍然矗立，它由泥土一层层夯实筑就，身形庞大、结构坚固，或圆或方，如同一个个几何符号散落在梯田之侧，人称土楼。英国科技史学家李约瑟将土楼称作"中国最特别的民居"，下面我们一起探索客家土楼的秘密。

土楼很土，土夯土筑。<u>①是一群与土地为伍，靠土地繁衍，脚板踩着泥土，身上流着汗土，在土地上仰望，在土地上畅想，缘土地而放飞理想的客家先人群体意志的凝聚和智慧的结晶；是客家人大迁徙留下的一个又一个深深的脚窝；是摇曳在客家人心灵深处的一簇风景。</u>

土楼很圆。圆圆的围墙，圆圆的巷道；圆圆的企盼，圆圆的向往。没有开始，也没有结束。这里养育、成全了客家人一代又一代优秀儿女，也圆了客家人一代

❶ 作者以饱满的热情、生动的笔触、优美的语言和暗喻的修辞手法，高度赞美了客家人的勤劳、善良、智慧的优秀品格。

115

又一代圆圆的梦想。土楼是客家人永远的心灵崇拜和精神皈依。

土楼很高很大，土楼很坚很固。水泼不进，风吹不动；狼越不过，虫钻不透。她呵护幼苗，呵护花朵；她呵护真善美好，呵护日月星辉；她呵护这里的滴滴点点，呵护这里的欢声笑靥，直到每块瓦片，每根椽柱，每粒沙石。

土楼是一枚大大的印章，拥有了这印记的客家人，人生就有了支点，命运就有了归宿，心性就有了寄托，脚步就有了力量。①土楼就像那枚大大的圆月亮呀！如缕的清辉，总要扯痛客家游子的乡恋之情；柔润的光芒，总要照亮游子的回归之路——不管身在何方，路有多远！

① 作者运用了明喻的修辞手法，将土楼比作圆圆的月亮，表达了客家游子浓浓的思乡之情和土楼对于客家游子的重要性。

土楼是一道蕴藏丰富的矿脉，拥有开采不尽的资源。有如时光隧道的出口，又像盛满琼浆的金樽，恰似招聚群贤的铜号，宛若催征奋进的鼙鼓。

②是谁饱蘸了这砚台的香墨，把土楼绘成了多彩的画？是谁倾注了这真挚的情感，把土楼吟成了优美的诗？是谁仰望朗朗的天，把土楼唱成了悠扬的歌？土楼真的是一部厚厚的书呢，只有痴痴地读，细细地品，方能读出她的千山万水，品出她的灵性神韵。

② 作者以深沉的感情和最能表达奔放热情的排比修辞手法，将对客家土楼最完美的爱、最生动的情体现得淋漓尽致。

③土楼是一座资料库，她真实地记录了客家人千百年来的风雨颠簸；土楼是一座档案馆，她完整地珍藏了客家人祖祖辈辈的喜怒哀乐；土楼是一座大舞台，她生动地演奏了客家人美妙的圆舞曲。

③ 作者将土楼比作资料库、档案馆、大舞台，是因为土楼真实地记录了客家人千百年来勤劳和智慧，是客家人历史的见证。

土楼是一条旺盛根脉的节点，又像行进途中的加油站。她让"修身齐家、忠义报国、崇文重教、耕读传家"的客家文化，世代相承；如同一条汹涌江河，源源相汇，直奔未来……

① 土楼之最，当数永定。永定在福建。人到那里方悟，福建即福健也，遍地皆福：福荫山，福泽水；福润心，福诱人；福壮魂，福励志；福盈门，福照路……只要肯寻找，只要能够发现。因为，绵长的"客家福"正在翩翩起舞。

❶ 永定土楼，是全世界独一无二的古建筑，被称为东方古城堡。永定县一共拥有 2.3 万多座土楼，被列入世界文化遗产名录。

延伸思考

1. 文中提到土楼在客家文化中有什么特殊的地位？

2. 文中提到土楼是如何在客家人的生活中发挥作用的？

3. 文中提到永定在福建，有何特殊之处？

那片血色记忆

名师导读 ▶

　　五星红旗是无数先烈和仁人志士用鲜血染就的，我们的红领巾是无数革命烈士用鲜血染红的。今天的中国正在朝着中国梦的伟大目标奋进。我们不能忘记历史，不能忘记那片鲜红的记忆！我们要知道自己是从哪里来的，准备要往哪里去。

❶ 作者以最沉痛的语言，以最直观的白描写法，叙写了那段难忘的血色记忆，令人动容。

　　① 这是中国抗战史上的一个痛穴，位置就在"歌唱二小放牛郎"歌词所唱王二小牺牲的地方。当目光触摸着大石头上那片酱紫色的血痕，心灵深处不由迸发出一种难以忍受的疼痛。

　　怎么能不疼痛呢！孩子牺牲时毕竟才十三岁呀！

　　十三岁，正值年少，天性活泼，会让我们立即想到自己的晚辈。他应该在父母的呵护下，坐在教室里，听老师讲天文讲地理讲古今人事，或者与同学与玩伴于校园内外快乐地嬉戏玩耍。可二小家穷啊，穷得无房无地，一家人只能住冰冷的山洞，他也只好跟着爸爸靠给有钱人家放牛过活。后来，他爸爸妈妈又因病无钱医治，相继离世，二小成了形单影只的孤儿，并且继承了他爸爸唯一的遗产——放牛鞭，小小年纪就做起了放牛娃。

位卑未敢忘忧国呀。这中华民族数千年遗传下来的优秀基因，也同样注入了王二小稚嫩的血液，滋养了他幼小的心灵——在那个狭小的地段，他以智慧和勇敢上演了一场"一个人的抗战"。那一片酱紫色的血痕，① 据说，就是当日本兵发现上当后，用刺刀挑起王二小摔死在大石头上后流出的鲜血洇成。后来，尽管岁月流逝，风浸雨洗，那血痕却从未消迹，就镌刻般永远地留在了这里。

这血痕是天地的记忆，是对凶残和暴行的控诉，也是留在中华民族苦难史里的一笔血债！

多么悲惨而又悲壮的一幕啊！望着片酱紫色血痕，我的心在颤抖，在哭泣，同时也禁不住地在追问：当年那个用刺刀挑起王二小狠狠摔死在大石头上的人，究竟是日本兵，还是甘当狗腿子、出卖良心的汉奸？！② 人们尽管无从查考，不得而知，但良知会提醒来到这里的每一个中国人，在心灵深处需进行一番沉重而认真的思考：国弱民穷，必遭欺凌；心散魂垢，难逃落后。弱肉强食，落后真的是要挨打的呀！

记得一次去云南腾冲，那里曾经是中国抗日战争的一处圣地。那片已经废旧了的机场，曾经起降过美军的空中"飞虎队"，被称作生命线的中缅公路也横卧在那里。也是腾冲，听当地百姓讲，在抗日战争中还有一段难以

❶ 作者通过动作描写刻画了日本侵略者惨无人道的兽行。

❷ 落后必然挨打。这是千古不变的历史规律。作者运用心理描写对世人提出了真诚的劝告。

119

抹去的记忆：那一年的那一天，县城里的 6 万多人，包括警察、官员，竟被 192 名鬼子兵赶得如惊弓之鸟，四散逃奔，其中也包括时任县长。① 幸好有位"位卑未敢忘忧国"的血性志士及时站了出来，他自荐当县长，立即组织民众殊死抵抗，很快就赶走了日本兵，夺回了县城。据悉，这位志士名叫张问德，此前只是个无职无位的读书人，时年已经 62 岁了。

张问德，王二小，一南一北，一老一少，无疑他们都是备受敬重的志士仁人。如今，天下并不太平，国外，有如狼似虎的眼睛盯着，国内，贪婪的嘴脸也并不少见。如果有一天重遭国难，我们将何以待之？

② 问这里的山，山以石明志，握紧了拳头；问这里的水，水以瀑为言，趋身而赴——峭壁上，犹如悬挂起一个昭示的惊叹号，活灵活现。

❶ 最直接的叙述，最美好的结局，作者怀着崇高的爱国热情讴歌了伟大的抗日勇士，感人至深。

❷ 国外，帝国主义亡我之心不死；国内利己主义大行其道。作者用拟人的修辞手法警告世界：朋友来了有好酒，敌人来了有猎枪！

延伸思考

1. 文中提到王二小的牺牲年龄和背景，这些细节传达了什么样的信息？

_____

_____

2. 文中提到的血痕在王二小牺牲地留存至今，它代表了什么？

_____

_____

3. 文中提到的张问德和王二小都是怎样的人物，他们的行为有何启示？

_____

_____

关于狼的记忆

名师导读

狼是一种特别可怕的动物。它们特别凶狠，狡猾，而且狼特别团结，它们团队作战，连森林之王老虎都畏惧三分。漆黑的夜，狼的眼睛宛如一颗颗闪亮的灯泡，非常可怕。狼的叫声会使人毛骨悚然。亲爱的读者朋友，你们遇见过狼群吗？你们害怕狼群吗？请阅读本文体会吧。

关于狼，从刚记事起，它就被大人们狠狠地揳进了我的记忆。

狼凶残，狼狠毒，狼贪得无厌。为吃掉可爱的小羊，它有时甜言蜜语地唱"小羊儿乖乖"，有时又蛮不讲理、面目狰狞地直逼在下游喝水的小羊。

①狼可怕，狼可恨，还吃小孩。这就是我对狼的最早和最初的记忆。所以，怕被狼欺骗，我才懂得了不要轻信；怕被狼咬伤，我才不敢与狼共舞；怕真的遇上狼时无人救助，我晓得了什么时候也不能开"狼来了"

① 在儿时的童话书和文学里，狼就扮演着一个很不光彩的角色。作者通过自己对狼的认知，来告诫世人狼的危害性。

的玩笑的道理。

七八岁时，我去远在北大荒的大哥家居住。那里人烟稀少，刚去，大哥大嫂就千叮咛万嘱咐："这里不同老家，晚上千万别出门，白天一个人也不能走远，这里狼多。"

他们的话一点不假。记得刚到那里没多久，我就看见了真的狼。那天我坐在一辆装满羊草的马车上，远远地看见两只狼一前一后地行走着。两只狼始终相间几十米，而且还不紧不慢地走走停停。① 由于早就有了关于狼凶残、狼可怕的意识，一听说那就是狼，而且正朝着马车走来，我心里自然就有些害怕，双手情不由己地握住了身边那把装草用的钢叉。

❶ 由于狼的名声太坏，一看到狼就怕得要命。

车老板樊大哥告诉我："那狼饿了，寻食呢。不过不用害怕，狼怕响声。"樊大哥还说，那狼一前一后，不即不离，是它们为防袭击而养成的一种自我保护习性。说着，樊大哥便很优美地甩了几个响鞭。随着几声鞭响，两只狼果然转向走了。就是从那时起，我知道了狼很聪明，狼怕响亮的声音。

第二次见到狼是在北京动物园。② 由于那狼在笼子里关着，尽管它急得一刻不停地转来转去，也不会令人害怕的。因为谁都知道，被关在笼子里的狼，和死去的狼没有什么两样，对人不会有半点伤害。

❷ 关在铁笼子里的狼，再有力气也无法突破铁笼子。作者运用了对比的修辞手法，刻画了自己对狼心态的变化。

第三次遇见狼，应该说是一次历险。

那是我成为军人前的一年，正在黑龙江畔的一家苇场做修理工。过春节时，那些有家室的师傅都回家过年去了，只留下我们几个小光棍巡守场区。那里满场都堆满了收购来的芦苇，主要是怕失火。夜里巡查时，之所以每人手里要握一把钢叉，一是随时准备和胆敢来破坏的"阶级敌人"进行搏斗，但最主要的还是防备野狼的袭击。① 因为那是个冰天雪地的冬季，狼的食物奇缺，夜里走村入户，吃鸡吃鸭、叼猪啃羊，甚至人也被咬的事，时有发生。

那天夜里才 12 点多钟，我们一行六人正走在巡查线上。突然，不远处有几个荧绿色的光点在向这边移动。生长在东北的赵师傅年龄最大，他立即提醒：大家注意，那里有狼！

随着他的话音，我不禁毛骨悚然起来。那一刻，似乎已经不知道自己是身处何地，脑袋里简直成了一片空白。

② 还是赵师傅冷静，他指挥我们背对背围成个半圆形，手持的钢叉齿头一律朝外。然后又让大家用随身携带的螺丝刀齐声敲击叉的钢齿。

那几个绿色的光点不动了，我们依然不停地敲打着。慢慢地，那几个恐怖的荧点终于开始向着另外一个方向移动。赵师傅提醒，大家不要慌乱，你们在前，我断后，一律把钢叉扛在肩上，叉尖朝后、向下。回值班室！

大家安全地回到了值班室，关紧门。那一夜，大家谁也没敢再出屋门。但我们听见，没过多久，那些狼又回来了，似乎还多了一些，而且离值班室并不远。它们的嗥叫声持续了足足有一个钟头。

野外的狼，关在笼子里的狼，发着绿色荧光的狼，

❶ 狼是肉食动物，恶劣的生存环境下饥饿的狼走村入户捕食。毫无疑问，这已经触碰了人类的底线。

❷ 为了应付狼群，"我们"在赵师傅的指挥下进行防御，"背对背"等描述把现场紧张的气氛淋漓尽致地渲染了出来。

嗥叫声瘆人的狼，我也算领教过了。

① 说来，我也真不是什么好汉，就因为有了这些关于狼的际遇，对狼的恐惧感竟一直持续了多年。直至后来成为军人了，逢夜里站岗放哨时，还曾偷偷把子弹压进枪膛，以防狼的袭击。

真的，那时我不怕敌人，却害怕狼。因为，狼是野兽，它不通人性，不循人理。

❶ 一朝被蛇咬十年怕井绳，这是人类多少年总结的经验教训。作者对狼的畏惧源于心头的阴影，而且影响了作者很多年。

延伸思考

1. 作者在文章中提到了狼的不同特征和行为，这些特点包括哪些？

_____

_____

2. 作者在文章中分享了三次与狼相关的经历。这些经历分别是什么？它们如何影响了作者的态度？

_____

_____

3. 作者在文章末尾表达了对狼的恐惧感，狼的何种特点让他如此可怕？

_____

_____

第五辑
关于诗的自言自语

　　诗，是文学的最早和最高形式。对此，似乎已经没有了争议。诗，是多元的复合体，企图用一两句话、一两篇文章去解读它，那是天真和幼稚；企图以庸俗、简单的方式去对待它，更是对诗的一种亵渎。

【预测演练】

阅读文章，回答下列问题。（15分）

海边，望着浪花

浪花呀　稽首顿足
使劲拍打岸的胸脯
哦　大海在倾诉

①墙皮剥落的石堡，被高岭土死死堵住"嘴巴"和被强盗的利刃砍断"手脚"的岸炮；还有那座仿佛被挖掉眼球正木木地瞪着天空的销烟池。

②惨烈的岁月曾经把这里踩得痛不欲生；沉重的历史曾经压得它气喘吁吁……

③而林则徐呢？那个身着官服，头戴花翎，面色凝重，右手抚须，一副威严端坐、大义凛然，曾经伟岸在小学课本里的钦差大臣呢？那个屹立在中国思想的制高点上，以变革求新的眼光打量世界的先贤明哲呢？

④终于，这一切都实实在在地叠现在了我的眼前。

⑤这就是虎门炮台。

⑥探访这片中国近代史的始源地，祭祀在这里为国殉难的英雄儿女，曾经是我许久的心愿。

⑦仰望着眼前的一簇簇雕像，触摸着被战争的牙齿啃噬留下的斑斑伤痕，我的目光不觉抛向了那个浴血拼杀的战场。

⑧虎门的布防，不可谓不周；清军将士，不可谓不勇。然而他们却失败了，败得很惨，数千忠勇无一生还，全部壮烈牺牲在了这里。

⑨长长的虎门炮台弯曲着，宛若一个大大的问号。在问天，在问地，似乎也在问来到这里的每一个人。

⑩逝去的人是悲壮的。但那是一个朝代制造的罪恶，是整个中华民族经历的灾难。

⑪在鸦片战争纪念馆里，有一处浓缩的且被现代科技手段再现的战斗场景：火光冲天，炮声隆隆，数千将士正殊死格杀；浓浓硝烟弥漫着，遍地尸体纵横着……

⑫清军将士对那场战争的胜利本是充满希望的，可他们哪里料到，飞舞的大刀怎能抵得过先进的洋枪，热血澎湃的胸腔哪里扛得住牢固的舰盾。正当勇士们期待援兵，准备最后一搏的时候，他们又哪里能想到，那些贪图安逸富贵、苟且偷安、屈膝求和的朝廷奸佞，如何容得下此等刚烈。所以，首先被出卖的正是这些国家忠良，就这样以中华民族血液里的英雄气质灌溉养育的一批最优秀的男儿，一个个都倒在了挣扎、绝望之中。

⑬这里的花，无不浸润了烈士的鲜血；这里的叶，无不为他们沉痛哀悼……

浪花呀　稽首顿足

使劲拍打岸的胸脯

哦　大海在恸哭

⑭是的，从根本上说，杀死他们的，不是英军，也不是美军的坚船利炮，而是清王朝自己。是朝廷里那些吮尽人骨髓的昏庸的权力持有者，是那个喂养着无数蛀虫的腐朽污浊的社会渊薮和那个极不合理的社会结构。

⑮海潮退去了，长长的虎门炮台弯曲着，岸边走来一群捡拾贝壳的少男少女。他们嬉笑，他们追逐，他们不时地弯腰拾起一枚枚喜悦，或者扬手放飞心中的满足……

⑯这是一群天真活泼的孩子呀！

浪花呀　稽首顿足

不停地拍打岸的胸脯

那是大海在叩问

是历史在嘱咐……

（选自《散文选刊》2007 年第 5 期，有删节）

1. 理解文中"长长的虎门炮台弯曲着，宛若一个大大的问号"一句，回答问题。（4分）

（1）句中"问号"问的主要内容是什么？（1分）

_____

_____

（2）"问"的答案有哪些？（3分）

_____

_____

2.请分别从内容、结构和语言三方面分析本文使用的三节诗句的作用。
（6分）

_____

_____

3.结合文本，联系现实，分析最后一节诗中，"历史在嘱咐"的深刻含义。
（5分）

_____

_____

仰　望

名师导读 ▶

　　仰望的意思是仰面向上看，或是抬头向上看，常用来表达敬慕、敬仰和向往之情。我们从小到大，从大到老都在仰望。童年时我们仰望星空，渴望探索宇宙；小时候我们仰望科学家，渴望成为科学巨人；青年时我们仰望大国工匠，希望自己能为祖国振兴做出一份贡献；中年时仰望幸福家庭，希望儿女双全；老年时仰望邻居，希望子孙满堂。那么作为读者的你，仰望什么呢？

❶ 行文开篇，作者以排比的修辞手法交代了仰望的来源价值，气势恢宏、直抒胸臆。

　　① 仰望源于魅力；仰望钟情向往；仰望受信念驱动；仰望是觉醒的生命；仰望是心灵企盼图腾的抚摩；仰望是人生向上向前的寻觅与探索……

　　曾经，仰望着大哥哥大姐姐鲜艳的红领巾心生羡慕；曾经，仰望着校园里每天升起的五星红旗成长立志；曾经，仰望着蓝天上飞动的白云大雁遐想万千……

① 仰望，仰望着走出深谷，仰望着奔向光明，仰望着争取胜利，仰望着走向成功……

❶ 运用排比句式，充分展示作者荡气回肠的激情，让读者不禁热血沸腾。

仰望岁月，回首来路，或曲折，或笔直，或坎坷，或平坦。路边，总有绿树摇曳，总有鲜花芬芳，总有鸟儿啁啾，总有蜂唱蝶舞；心中，总有历史铸就的万千雕像巍然屹立。

② 那是井冈山挑粮队伍踩弯的小路吗！那是遵义城头迎风飘扬的战旗吗！那是先烈们留在险山恶水间的冷冷忠骨吗！那是天安门城楼庄严肃穆的国徽吗……

❷ 作者不落俗套，围绕"我们从哪里来"的哲学命题，从今天幸福生活的来之不易进行仰望，视角独特。

哦！望见了！望见了！

因为仰望，遥远的近在眼前，微小的陡然高大，陌生的顿成亲切，迷茫的变得清晰……

仰望吧！仰望山，意志在仰望中更加坚定；仰望水，心灵在仰望中得以净化。

③ 仰望昨天，憧憬的心，奋斗的手，敬意与崇拜激荡情怀；仰望今天，温暖的风，和谐的韵，美丽着人间……

❸ 昨天是今天的过去，今天是昨天的延续。作者运用了对偶的修辞手法，高度赞扬了昨天的精心付出和今天正在创造的美丽，相辅相成，浑然一体。

仰望吧！仰望天，仰望地，仰望春夏秋冬风霜云霓。

仰望吧！以心为舵，以爱为桨，以情为帆，谱一曲赞歌唱给辽阔蔚蓝。

仰望吧！以真为经，以善做纬，以美当梭，织一幅锦绣献给朗朗晴空。

④ 仰望吧！生命在仰望中昂首行进，心灵在仰望中豁达、宁静，人生在仰望中充实、美丽。

❹ 作者运用了排比的修辞手法，从生命的高度切入，深度评价了仰望在人一生中的价值，振聋发聩。

131

1. 作者通过仰望表达了怎样的情感和愿望?

_____

_____

2. 文中提到了一些历史和文化符号,如井冈山、遵义城、天安门城楼等,这些符号在文中起到了什么作用?

_____

_____

闲扯"用人"

名师导读 ▶

用人，是一门高深的学问。古往今来，会用人是一个成功的领导者最重要的能力之一。善于用人的领导者会用人之长，能最大限度发挥人才的优势与潜能，从而取得满意的结果。《三国演义》可谓是如何用人的巅峰之作，下面我们一起看看作者笔下的用人哲理。

---

① 一日众友聚会，因为七嘴八舌地讨论正上演的电视连续剧《三国演义》，不知不觉便扯起了"用人"这个话题。

用人，即指用有胆、有识、有德、有才之人，而绝非酒囊饭袋、昏聩贪婪之辈。

话虽这么说，但有时候一些缺德少才之人因了某种关系，靠了某种手段（有说这手段也不失为一种"能"者），免不了也会登上权力的持有者、决策者的位置。这种人爬上高位并不可怕，只要那些德才兼备之人仍

❶ 好的开头等于成功的一半。作者用聚会上朋友们讨论电视剧《三国演义》，引出"用人"这个话题，非常自然。

133

在他们之上，人们的心里便也踏实些，事业依然有望，只是做起事情来恐怕要麻烦点，倒是真的。

用人，即用由人的智慧之火提炼而成的良苦计谋或勇武精神。①曹操谙此理，以弱胜强，大败袁绍；刘备信其道，以退为进，终于称王西蜀。假如袁绍也是个善从良谋之人，假如刘备没有诸葛亮鼎力相助，假如孙权不仰仗周瑜、陆逊，很难设想人们还能去演义什么"三国"！

用人的确是一门学问。曹操以威慑人，刘备以诚感人，孙权以恩施人，各有高招。所以，才有那么多想乘坐他们的大船，从而实现个人夙愿之士为其效力。但也有如徐庶一言不发，身在曹营心在汉，且誓终身不事曹，而甘愿埋没一身才华者。

当然也有人辩解，像徐庶这样的人才，虽不能为曹出谋，但不为他人献计，实际也算帮助了曹操。②有人还设想，假如曹操有诸葛亮这样的能人相助，历史又该是一个什么模样？诸葛亮为什么不去辅佐兵多将广的曹操？曹操又为什么不先于刘备去请诸葛亮呢？

"得道多助，失道寡助"。诸葛亮乃贤能之士，焉肯去助奸猾暴虐、摸金盗窃的曹操呢？（当然，真实的曹操与"演义"的曹操是有区别的）

历史就是历史，早已容不得今人去作什么"设想"和"假如"了。

用人有信用、重用、利用之区别。这是王者心态，这是霸者手段，这是智者慧思。

❶ 作者将曹操、刘备的善于用人与刚愎自用的袁绍不善用人进行了对比，突出了用人智慧的重要性，引发读者的深思。

❷ 作者通过设问，引发人们对用人这个问题的思考。

① 通常说，被信用是一种幸运，以此，他可于事主同时，达到个人某种目的，实现自我价值；被重用是一种机遇，以此，他可崭露自己的聪明才华；唯被利用者最悲惨不过了。

吕布有勇无谋，只好被人利用；貂蝉承主人恩惠，且又是一弱女子，不被人利用奈何？曹操的军需官被利用，为稳定军心甘愿丢掉脑袋，可谓是他忠心事主的一种选择……

君不见，在《三国演义》一场场能人斗智的战役中，那些军事指挥家不都在从战略或战术上利用他人之势吗？

任人唯贤或唯亲，两种对峙的用人之道，直把个"三国演义"装扮得灿烂缤纷。

任人唯贤者唯才是举，无德能之人难以由此腾至高位。② 但明者也难免有用错人时，如诸葛亮错用马谡。但由于他能及时纠过自省，并因此导演出一场"空城计"，反而增加了人们对他的景仰度。心理变态的袁绍则不同了，吃败仗不找自身原因，为顾及面子竟含羞杀死了曾经向他苦进良谋的帐下贤士。

善良的人们还须警惕：有些贪婪、无耻之辈，为达一己之私利，常常以假象掩其卑鄙，一旦骗取信任被举荐用之，其丑陋灵魂便会逐渐暴露，如当今那些窃取高位的贪污、受贿案犯者。

③ 论资排辈是任用贤臣良将的一道屏障，它像一块巨大的石板，愚顽而残忍地挤压着人才的发育成长。

刘备不论资排辈，所以才甘拜山野村夫为军师；

❶ 作者运用了对比的修辞手法，将信用、重用、利用三者之间的区别介绍清楚，语言简洁，生动明快，令读者一目了然。

❷ 诸葛孔明能谋善断，且失误后及时自省。袁绍非常自负，任性杀人，非常恐怖。作者将诸葛孔明与袁绍进行对比，强调贤才也得有明主。

❸ 论资排辈是保守派的一贯做法。作者运用了暗喻的修辞手法，强调了论资排辈对于人才成长、国家兴衰的客观危害性。

孙权不论资排辈，所以才肯拜年轻的陆逊为统帅；曹操亦然，所以才有了关羽温酒斩华雄的千古绝唱。

当代改革大潮中的开拓者们也不论资排辈，他们敢叫能者上、平者让、庸者下，所以才使平川静野耸立起了一簇又一簇魅人的风景。

延伸思考

1. 作者在文章中提到了两种不同的用人方式，分别是"任人唯贤"和"论资排辈"。请简要说明这两种用人方式的特点。

_____

_____

2. 作者在文章中提到了《三国演义》中的一些历史人物和他们的用人之道。请列举至少两位历史人物以及他们的用人方式。

_____

_____

3. 作者提到了一些人可能会通过欺骗或虚伪的手段来获得信任并升至高位，然后暴露出其真实面目。这种情况在当代社会中是否有现实案例？请提供一个现实案例来支持您的回答。

_____

_____

如果唐僧不去取经

名师导读 ▶

　　唐僧西天取经是发生于大唐时期的真人真事。唐僧的原型就是玄奘法师，他远赴天竺学习佛法，一方面宣扬了大唐的东方文化；另一方面又带回了古天竺丰富灿烂的佛教文化，两种文化交融汇通，这是玄奘法师了不起的成就。对于这件轰动全球的顶级盛事，作者却独辟蹊径，令人啧啧称奇。请阅读本文。

　　一天，看电视台播放的电视连续剧《西游记》，不知不觉中，一家人的话题便绕着唐僧该不该去西天取经一事转悠起来。

　　一说："彼时大唐正当盛世，百姓丰衣足食，这唐僧一路颠簸，九死一生，取哪门子经啊。这傻和尚，真是不知享福。"

　　一人立即反驳："不去取经你能坐在这里看如此热闹的《西游记》吗？"

❶ 作者以第一人称的口吻，叙述了一家人看《西游记》的感受。记录并肯定了《西游记》对于启发人们想象的教育意义。

❷ 想象是人类飞翔的翅膀。《西游记》则是人类展开想象的巅峰之作。作者充分肯定了《西游记》对创造美好人生、美好生活的重要意义。

也是。又一人插话："① 如果唐僧不去取经，不遇见那么多想吃唐僧肉的妖魔鬼怪，也就没有了吴承恩的小说。吴承恩的《西游记》像一把钥匙，开启了人们的想象之门。在天上，孙悟空一个十万八千里的跟头，引诱人们发明了转瞬即千里万里的飞机、飞船、火箭；在水下，一只能逢水开路的避水兽，使人们拥有了神出鬼没的潜水艇；② 在人间，神变、仙变、妖变、鬼变，使人们明白了这人世间的另一个纷纭繁杂的多变世界，从而提高了警觉，生成了惩治假恶丑，创造真善美，向往文明社会的美好愿望。还有今天的克隆技术，你能说没有受到过孙悟空拔根毫毛就变猴的启发吗？"

还有呢。又一接着："你看那些妖妖怪怪的，一个个神通广大，繁殖又快，我等凡人谁是它们的对手。如果不是唐僧师徒四人一路降伏了那么多魑魅魍魉，这天下焉有今日的安宁太平！说不定，我们这些人早已成了那群兽类的腹中之物了呢！"

不会的。反驳者又说："一些鬼怪经过了孙悟空等人的教训，有不少已改恶从良。在蒲松龄的《聊斋》里，鬼世的鬼怪们就比人世的君子们要好得多得多。"

如此说来，这西天经取得的确很值。曾嗔怪唐僧取经者的观点总算有了转变。

其实，看《西游记》还应该从字缝行隙里看，看那些书上没有写出来、电视里没有演出来的部分才是。比如那些自恃了得，在人世间兴妖作怪的飞禽走兽小爬虫，尽管它们都有来历，原来也只不过是些伺候在神们仙们佛们脚前身后的小不点，只因为学了点本事，得了点道行，由于主子一时看管不严，才偷偷溜下了凡世，以致祸殃一方的。

听了这些有幽有默的调侃之谈，我心里也不由突生一念：[1] 如果吴承恩老人家还活着，我一定要奉劝他动员唐僧再西行取经一次，而且还要吴老先生一定随行采访。说不定，一部更有价值，更有影响的新的《西游记》，很快就会从他的笔下涌流出来呢。

❶ 对于众人的奇思妙想，作者没有反驳，只是另辟蹊径产生了新的念头，实在是一种创新。

延伸思考

1. 为什么有人认为唐僧不应该去取经？

_____

_____

2. 文中提到《西游记》对于现代科技和想象力的影响，可以举出哪些例子来支持这个观点？

_____

_____

3. 文中讨论了唐僧师徒四人对抗妖魔鬼怪的重要性。为什么有人认为没有他们，世界将会陷入混乱？

_____

_____

关于"水的职称"说明书

　　水，在我们的身边，司空见惯，习以为常。我们也看到过大江大河、大海大洋，也看到过水的汽化、固化，但是从来就没有深入思考过水的林林总总。事实上，作者用非常细腻的笔触和真挚的情感，对大自然存在的各种各样形态水的特征进行了深入阐述，令人脑洞大开。

　　水也有职称，完全是一种自然形成状态，并非人为的评定或赐予。

❶ 对于水的评价和分析，作者的思维不走寻常路，而是通过创新思维，开门见山模拟人职称的序列，赋予了水相应的职称层次，令读者耳目一新。

　　①水的职称基本可分为动态、静态和气态三大系列。在各自的系列中，又分为初级、中级、副高级和正高级四个档次。

　　先说动态系列。动态系列从低到高排序为：泉、溪、河、江。

　　泉是动态之水的童年期。它虽然天真幼稚，但其未来可长可短，可大可小，前途不可估量。人们对待它往往喜爱有加，庇护有加。在它面前，有时候会使人产生一种发现新生的感觉。

　　①溪是动态之水的少年期。此时的它清纯可爱，小鱼、小草、小水鸭是它最好的伙伴。它虽浅，却浅得透明；有时也爱拨弄个浪花什么的，但终不会形成大碍、大害。所以，人们对它都能善以待之。

　　河是动态之水的青年期。它富于想象，勇于创造。有时它是人类的朋友，能帮助人们做很多好事；有时它是人类的"敌人"，会咆哮，会肆意妄为，会给人们带来灾难。但只要人们掌握了它的脾性，使其多积善德，少行恶事，还是能够做得到的。

　　江是动态之水的老大，也是该职称系列的最高一档。它精力充沛、奔腾不息，从不间断自己的追求，具有动态之河所没有的那种力量。它的目标是大海，因为它知道，只有那里才是生命永存的最好选择。

　　其次是静态系列。静态系列当指塘、湖、海、洋四个档次。

　　塘是池塘，村村寨寨，哪里都有。人们离它很近，因而它给人们的生活提供了不少方便。③小的时候，我之所以学会了游泳、打水仗，交上了水朋友，都是它的赐予。塘是我在故乡成长的一池难忘的亲密和温柔。

　　湖是湖泊。想跨入这个档次并不容易。想想看，全中国，乃至全世界也没有多少，至于那些名湖、名泊就更是凤毛麟角了。

　　海是大海。它容纳百川，吞吸万物。人世间的所

❶ 创新的思维，是作者写作本文的最大特色。作者运用了拟人的修辞手法，赋予小溪、小水鸭等人类特有的情感，文字清新活泼，读来甘之如饴。

❷ 池塘，是农村小朋友的童年记忆。作者以快乐的笔触，兴奋的情感，通感的修辞，表达出对童年的思念。

有酸甜苦辣，还有什么浊流污水，它都能容之纳之，并以其自身所具有的强大功能，再化之合之。人们啊，当你来到这个世界，也许什么都可以忘记，但千万不要忘了自己所制造的那么多垃圾，正是因为有了海的帮助，这世界才幸免了那种难以消除的恶臭与肮脏。

① 洋是汪洋，它是静而不静之水。由于它远离人群，大多数人对它还比较陌生，见识它、了解它，真正地认识它，还尚需时日。故不赘言。

至于气态系列，当推人们所熟悉的雾、云、虹、霓了，这也是动态和静态之水的一种升华。

这一系列，有如人的精神状态，它无时限，分布广，来去自如。当然，由于这一系列毕竟是以一种柔性形态呈现的，所以，人们常要把它视作景观，视作艺术，予以仰视之，想象之，寄托心情之。

② 总观这灵性的且赋有职称级别的水，它们不争不抢，不离不散，各司其职，精诚合作，实乃和谐有序。不像人世间的有些蹊跷，人为的因素太多太多：分明是一条小沟小溪，却非冠以大江大河之名衔；分明是一片云、一道虹，却非要把人家往池里塞，往塘里按。也不像有些聪明人，凭借着自己所占据的有利地形，随意操控和糟践"规则平等"。或者朝别人打冷枪，或者把手伸得老长老长，专取摘枣子、摸桃子的角色。直闹得人世间失了序，乱了套，乌烟瘴气，几乎没有了好人的地盘。

❶ 四大洋，很多人终其一生都没有机会与其相见。作者对塘、河、海等每一种形态的水都分析得入情入理，各有特点，实属不易。

❷ 没有对比，就没有真相。作者通过将水和人进行了对比，突出了水的精诚合作特点，阐述了人要学习水"善利万物"的伟大特性，批评了社会上的不正常现象，振聋发聩。

延伸思考

1. 文中描述了不同职称的水有不同的特点和意义。请简要描述一下动态系列中的江水和静态系列中的海水的特点。

———————————————————————

———————————————————————

2. 文中通过比较水的职称和人类社会中的一些情况，表达了对和谐和秩序的向往。请简要描述一下文中对水的职称所代表的和谐与秩序的观点。

———————————————————————

———————————————————————

走向崇高

——写在"瞿秋白被囚处"

崇高的意思是在精神或道德上能达到统揽全局的无私的奉献精神。人是需要一点精神的。人不是纯物质需要的动物，人还得在更高层面上实现灵魂的安放和精神上的安顿。在这方面中国历史上很多忠勇之士用生命和鲜血为我们做出了很好的解答。因此，我们每一个人都不能忘记过去，不能忘本，要学会崇高，方能不负此生。

❶ 作者运用直描的写法，突出了小屋环境的恶劣，表现了瞿秋白烈士被囚禁后的待遇，突出他崇高的革命气节。

小院很小，被高高的围墙圈着。小院隐匿在长汀县县城一隅。小院里，仅有的一棵石榴树和一棵桂树，对峙地占据着各自一角。

① 小屋也不大，两间。如果不是有片天井照着，潮湿的小屋会愈显阴暗。小屋的主人呢？一张眠床曾经安放过他的忧思和梦呓；还有一把旧椅，一张木桌，一盏油灯，这些都曾经伴他完成了《多余的话》，然后

他就起身走了，一直走向 500 米处的那片草地。他说："此处甚好。"而后就从容地坐下，先是用手理了理被晨风吹乱的头发，接着就唱起了自己翻译的《国际歌》和那首他平时最喜爱的《红军歌》……刽子手的枪声响了，他倒在一片血泊之中。那血，润红了他身下的土地。从此，那里的草更绿花愈明，树亦更高大，成为一种永恒的记忆，在客家人，不，在全中国人的心灵深处珍藏。

这是一次伟大的睡眠啊！时年他才 36 岁。

36 岁，风华正茂，正该是叱咤风云的年岁！而且，他还那样地眷恋着这个世界。请听那番并非"多余"的话吧："这世界对于我仍然是非常美丽的。一切新的、斗争的、勇敢的都在前进。那么好的花朵、果子，那么清秀的山和水，那么雄伟的工厂和烟囱，月亮的光似乎也比从前更光明了。"《多余的话》不多余，那是一位老实人说出的老实话、真心话。那"话"不作秀，不掩饰，用锋利的解剖刀勇敢地对准自己，把灵魂解剖了交给党，交给人民。坦荡的胸襟，英雄的气质，一部《多余的话》淋漓地倾诉了自己的情怀。

身在被囚处，他的心是飞动的，那是一位诗人的心，一颗作家的心，一个才情横溢、坚定的革命者的心。那时候，他一定想到了正在长征途中跋涉的红军，看到了小院里正硕硕地开放的石榴花和浓郁着的桂树叶，甚至树上甜蜜的果实以及对革命胜利美好的憧憬——"那么雄伟的工厂和烟囱"。可惜这一切都将不属于他了，因为在生与死的抉择上，他早已坚定地选择了后者：一次次拒绝了崇拜着他的学生——时任国民党高官宋希濂的劝降。据说，蒋介石也看重瞿秋白这个人才，曾派大员前来游说，并表示不必发表"声明"，只答应去国民政府做一名俄语翻译就够了。

生命是宝贵的，宝贵之处在它不能死而复生。在一次次利诱、劝降面前，在生死抉择的重要关口，他有足够的时间可以想很多很多。① 他一定想到了客家先贤文天祥"人生自古谁无死，留取丹心照汗青"的诗句，也想到了为变法而慷慨就义的谭嗣同，还想到了曾经和他一起从事过共产主义运动宣传的李大钊，甚至想到历史上那些投机钻营、背叛人民、背叛革命意志的败类。而且他深爱着自己的妻子，牵挂着他抱养的也是他唯一的女儿……在孤独的囚禁中沉思、抉择，他的心灵经历了怎样痛苦的折磨，他的精神经历了怎样艰难的挣扎与摆脱！② 对往事的沉思和对亲人的眷恋，都化作丰富的精神营养，滋补了他的灵魂；小小的囚室也仿若一座烈焰熊熊的熔炉，直把他的意志冶炼得更加坚强，信念更加坚定！

瞿秋白是伟大的战士，坚定的革命者，他以自己的慷慨赴死，实现了他的"人爱自己的历史，比鸟爱自己的翅膀更厉害"的心愿。就这样，瞿秋白走了，走得从容不迫，走得大义凛然，一直走进历史，走向崇高，走成闪耀天宇的一颗星辰，被世代仰望。

❶ 人生大事莫过于生死。在生命即将被剥夺之时，作者运用心理描写，刻画了瞿秋白烈士复杂的心理活动以及对共产主义信仰的坚定。

❷ 在敌人精神上的折磨和肉体上的虐待之下，瞿秋白的意志更加坚定。作者运用了明喻的修辞手法，对瞿秋白烈士的伟大信念予以高度的赞扬。

延伸思考

1.瞿秋白在文中做出了怎样的生死抉择？为什么他做出了这个决定？

_____

_____

2.文中提到了瞿秋白在囚禁中的沉思和抉择，这对他的精神产生了怎样的影响？

_____

_____

3.文中提到瞿秋白的生命最终走向了崇高，他的生死选择给后人留下了什么样的影响？

_____

_____

关于诗的自言自语

名师导读▷

　　诗是什么？关于诗，每一个人都有自己不同的理解。诗是高度凝练的语言，是文学的祖先，是艺术的根源，是人类向未来发出的讯息，是人类强烈情感的自然流露，是人类向着远大理想奋进的勇气。本文作者从自身理解的角度，谈论对诗的概念、特征的理解，别具一格。

❶ 作者运用了类比的修辞手法，开门见山表达自己对诗歌的理解，语含否定的意味。

　　① 正如苦苦地追寻诗神缪斯而难得一见却又痴心不改一样，至今我依然顽固地认为：分行排列的文字不等于诗，名词概念的堆砌不等于诗，无病呻吟的"哇哇啊啊"依然不等于诗……

　　诗是什么？

　　诗言志。但这并非要人去图解政治、移植口号、照搬生活、说教人生。诗言情。但也并非要人扯破嗓子去喊些虚虚飘飘的豪言壮语，抑或洒几粒哭哭啼啼的缠绵泪滴。

诗，是文学的最早和最高形式。对此，似乎已经没有了争议。①诗，是多元的复合体，企图用一两句话、一两篇文章去解读它，那是天真和幼稚；企图以庸俗、简单的方式去对待它，更是对诗的一种亵渎。

诗，究竟是什么？有人说，对于男人，它是拽着七彩裙裾飘然而至的"魔女"；对于女人，它是刚健雄壮、风流偶傥的"魔男"。那诱惑，曾经使多少人为之倾迷。②它以出奇的意境、情境，使人的眼睛像在碧波里发现一朵婷艳的红莲，不禁惊讶于这艺术王国的美；又有人说，"它以淳厚的真情使人的心灵像被弹拨的琴弦，不由沉湎于情绪的跳跃"；还有人说，"它以独到的见识，使人的认识在夜的原野忽见远方一烛跳跃的火焰……"。诗就是这样，它以自己特有的魅力，"把人的眼睛弄亮，把人的想象激活，把人的情绪激动，把人的心灵点燃"……这些话，出自诗论家阿红先生之口。他的话，我信。

前些年老诗人阿红曾对我谈诗。他讲了这样一个故事：在纽约的一个寒冬里，有位盲丐胸挂字牌，上书"自幼失明"，沿街乞讨。过往行人视而不见，肯施舍者寥寥无几。有位诗人给盲丐的字牌换了句话，于是许多人便慷慨解囊。盲丐问诗人写的什么话，诗人说："春天要来了，可我不能见到它！"

③这话的区别在于"自幼失明"，是说明眼睛失明和失明的时间；"春天要来了，可我不能见到它"，说的是失明人的痛苦心灵。于是，它便拨动了人们心灵的共鸣之弦。

这里，诗人只用了一句话，很凝练，堪称以少胜多，

① 到底什么是诗？作者采用了先破后立的写作方法，先对几种解读诗、对待诗的方式予以否定，表达出了鲜明的态度。

② 关于诗的概念和特征作者运用引用的修辞手法，把诗的概念意象化，文章的气质也上了一个层次。

③ 一句话，使得乞丐的收入增长不少。这就是语言的魅力！这就是诗的魅力！作者对这两者之间的根本区别进行了说明。

以一当十。假如它呈示给人们的是曾经被一位伟人斥责过的懒婆娘的那条"裹脚布"，其感染力还会是这个样子吗？

诗，毕竟不是散文，不是小说，更不同于新闻报道。诗就是诗，它需要凝练，因凝练而需要含蓄（并非晦涩）。为人贵直，为文贵曲。古人论诗曰："直说易尽，婉道无穷。"含蓄是诗特有的艺术手法，含蓄是待放的花蕾，可使人产生由此及彼的联想，可留下空白供人想象。因为，任何一件艺术作品都是需要读者与作者来共同创作完成。

❶ 对于诗歌表现手法，作者通过列举的方式进行了比较详细的叙述，使读者对此有了一个大概的了解。

① 作为文学最高形式的诗，就其表现手法而言，不只是要凝练、含蓄，还有很多很多，比如构思，比如角度，比如形象思维，比如意象空间的营造……同时诗也需要包装——需要语言的美。还是阿红先生说得好，"正如一个人要去会客，需要修修边幅一样"。因此，锤炼诗句也是为诗之道。很难设想，一个连语言都没有过关的人，会写出什么像样的诗来。

诗一旦发表，就属于社会，切莫把它当成私产儿戏之。因此，用分行体"言志"或"言情"的诗人和写诗的人们，理应经常拍拍脑门，想想该如何对待自己的每一个已经出世或即将出世的"宝贝"。因为：

❷ 作者运用了排比的修辞手法，将诗歌的特征、表现手法、语言魅力表达得淋漓尽致。

② 诗，是悬挂在人类脸颊的一颗泪珠，是建筑在心灵深处的一间小屋；是摇曳枝头的一束斑斓，是难以排解的那份孤独。或者，她什么也不因为，心绪也扯不清楚，就是想让喜悦有个着落，给沉思找把梯子，使忧愤有个回声，为悲伤找条出路，泪水能有个池子，滋润良知，洗洗心性。

延伸思考

1.作者在文章中提到了诗的本质和特点，根据文章，诗是什么？请简要概括。

_____

_____

2.作者引用了一个关于盲丐的故事来说明诗的力量，这个故事表达了什么观点？

_____

_____

3.作者提到诗需要包装,这是指什么？语言的美对于诗的重要性是什么？

_____

_____

一个大鼓催生的民族

名师导读▶

　　五十六个民族，五十六朵花。中华民族是个大家庭，每个民族有着自己不同的民族特色。作为读者，对中国的所有民族的特色都能有所了解，这是再好不过的事情。本文作者在美丽的西双版纳亲身经历了基诺族的文化特色，特地记录下来，书成此文。

　　看景不如听景。这话拿到了西双版纳，自然要被否定。

　　在版纳几日的经历中，能够完全否定这话，直至把这话的前后位置颠倒的力量，① 对于我，既不是那里令人心醉的满眼秀色，也不是处处盈耳的百鸟鸣啭，更不是深秋里彩蝶们依然挥洒的四野芬芳，而是来自那古老且蓬勃、遥远而清新的不可抗拒的对原始的感动。

　　原始的确是一种美，是那种最本真、最自然的美。

① 西双版纳，是一个美丽的地方。这里风景秀美，彩蝶纷飞，林木苍翠，山峦叠嶂。但作者另辟蹊径，从对原始的感动切入，给读者不一样的感受。

它有如种子拱出的第一柄芽蕊，虽弱，却宣告了诞生；它有如长河源头的涓涓细流，虽小，却启动了浩荡。又如一泓净水，它能把心灵涤亮，能把生命润泽，能把从都市带来的所有芜杂、俗欲、烦忧，一股脑地洗个干净，让正在沙漠化的灵魂再生发一片绿洲……

聚居在西双版纳的基诺族，是我国 56 个民族中的一支，是 1979 年国家才正式批准确认的一个单一民族，总人口约 20000 人。过去，[①]基诺族作为民族大家庭的一员，生活在与世隔绝的高山密林中，20 世纪 50 年代还处于原始社会末期，按氏族组织村社，过着共同劳动平均分配的原生态文化生活。基诺族只有语言，没有文字，20 世纪 60 年代还要靠"刻木记事"。被基诺族人视为图腾和神物并加以崇拜的是"司吐"，也就是人们所说的大鼓。这鼓我见了，它造型独特，美观大方，鼓周嵌入有木楔似的太阳光柱，所以，又被人们形象地称作"太阳鼓"。

善良纯朴、热情好客的基诺族乡亲走来了，他们总是以本民族最隆重的礼节——大鼓舞迎接尊贵的客人。

八对男女青年，穿着最原始也是最典型的基诺族服装，每人双手各持一根如春米用的短木杵，鼓手用它作击鼓的鼓槌，舞者则用它作击节伴奏的道具。当他们俯身膜拜"司吐"的刹那，或许是被舞者的虔诚感染，或许是观者正期待一种什么，那一刻，全场静得出奇。[②]就在这出人意料的"静"里，我仿佛看到了基诺族的创世女神——阿嫫腰北在一片岚光中正缓

❶ 基诺族作为中华民族大家庭一员，保留了文明改造前的原始氏族部落的原生态和文化形式，给人以穿越之感。

❷ 作者对基诺族盛大欢迎仪式进行了详细地叙述，并对基诺族创世女神的面部神态进行了传神的神态描写，十分庄重、严肃、神秘。

缓翕动眼睑，并娓娓嘱告：一个混乱不堪的世界已经埋葬，一个新世纪孕育着的新生活就要开始，聆听那催发新生的轰鸣吧！

八对男女青年缓缓立起，如同梦中醒来。鼓声倏地惊雷般震响了，在两件铜器的领奏下，他们各自敲击着手里的木杵，围着"司吐"跳起了欢庆新生的大鼓舞。这鼓蕴藉着旷古的声响，这鼓传递着始祖的心韵。这里发出了振聋发聩的原始之音，它正越过千山万水，直逼人的灵魂深处——①那是一番怎样的情景啊：远古洪荒，日月星辰、天地万物皆为创世女神阿嫫腰北所造。她造出了人类，也造出了飞禽走兽。但是，此时的动物、植物都会说话，并和人们互相争食，吵闹不休，把世界扰得混乱不堪。于是，阿嫫腰北决定：毁掉她亲手创造的世界。

阿嫫腰北用木料和牛皮做成一个大鼓，她只把善良纯朴的玛黑、玛妞兄妹二人放进鼓内，并告诫："鼓不被撞出响声，就不要划破鼓面。"阿嫫腰北做完这一切之后，便造法天降大雨。就这样，滔滔洪水吞没了创世女神第一次创造的人类。七天七夜后，漂流的木鼓被撞击发出"咚咚"的声音，玛黑、玛妞依照阿嫫腰北的吩咐用小刀划破鼓面，从鼓中走出，并在现今的西双版纳基诺山落脚，繁衍了基诺民族。

这原始的传说和故事，寄托着基诺人向往天下和睦、人们生活幸福的美好心愿。短短十几分钟的大鼓舞，竟把一个民族诞生、成长的经历阐释得如此淋漓尽致，也着实令人感佩。

❶ 作者以简洁的语言描写和动作刻画，叙述了基诺族创世的传说。

154

①在基诺族村寨，我还谒见了一位基诺族老人。她半卧在一张用木板架起的露天床铺上，嘴里嚼着槟榔果，赤裸着双脚。据说她一生从未穿过鞋子。老人的儿子告诉我，她母亲已经百岁有余，身体依然硬朗。这是一位见证原始的老人。有人想为她拍照，老人摇手示意不允。她的意思是说，照相会吸走她的灵魂，那样不但自己要折寿，始祖也会责怪她的。人们都很自觉地遵从了老人的意愿，谁也没有抱怨责怪什么。因为大家谁也不会去苛求一位刚刚走出原始社会，一下子又跨越了那么多社会形态的原始老人和我们一样接受这世界造出的种种新鲜。②正如再过50年后，我们这些如今已经50岁左右的人假如也活到了百岁，那时，如果面对一个50岁的后生，二者的观念也必将有惊天动地的差异，否则，那就是时代的不幸了。

缓步行走在基诺族村寨，脚踏镶嵌着牛角的山路，细数那里依然保留着原始韵味的十分简陋的起居室、灶火膛、劳动工具……一景一物，尽管有些老旧，甚至有的已经残损，也不由动情地发出几多感慨，感慨这个民族生存的顽强与奋斗的坚韧。

③造物主果然偏爱西双版纳，不然就不会把这么多值得留恋的美好赐予她。但最令我留恋的还是那闪射着纯正自然光辉的原始景物。比如正在密丛中戏水尚未经过驯化的野象，比如令人毛骨悚然为争夺生存空间而奋力绞杀的植物，比如原始森林中一株朽木上附生的另类新棵……正是这些具有原始野性、不带任何

❶ 半卧，嚼着槟榔、赤裸双脚，这是一位由原始社会直接进入社会主义社会的基诺族百岁老人。

❷ 作者运用类比的修辞手法，将两种情况进行了类比，强调了自觉尊重基诺老人意愿的必要性。

❸ 作者运用层递的修辞手法，以最毫无顾忌的态度表达出对原始景物的留恋，对基诺族的留恋。但是这种观点值得商榷。

修饰与矫情的真实，使我的心灵受到了一种震撼，得到了一次沐浴。

转眼，从版纳归来已经数日，我依然怀恋着那本真而又充溢灵性的原始，怀恋着那向原始回归的勃勃生机，且坚信这怀恋并不是那种向陈腐倾斜的恋旧心结。

延伸思考

1. 在西双版纳，为什么作者否定了"看景不如听景"的说法？

_____

_____

2. 基诺族的创世传说与什么有关？

_____

_____

3. 在基诺族的大鼓舞中，舞者使用什么道具作为伴奏？

_____

_____

第六辑
沐浴心情

　　身位低下，平素许是仰视久了的缘故吧，此时此刻的目光，若想捕捉到点什么，也只好变换方向了。原来，俯视竟是如此充满魅力的一簇风景：此顶我为峰，一切都匍匐在脚下，一切都变得比原来微小，一切都被看得可有可无……即便那片刚刚穿过的曾经蓊蓊郁郁、为我等遮阴送凉的白桦林。

【预测演练】

阅读下面文章，回答1—4题。（12分）

荔波一棵树

①荔波在黔南。这里气候温润，四季常花，被叫作地球腰带上的"绿宝石"。作为一棵植物，能够到这里来生长，是很幸运的。

②不过，怎么会有这样一棵树呢！

③它茶杯般粗细，高不过四五米。盘龙交错的树根整个地裸露着，而且还生怕被谁抢走似的齐心协力地紧紧搂抱着一块块乱石。那形态就像一堆洗净的红薯，在根的周围竟找不到一点可供养分的泥土。而这树却泰然地活着，活得壮硕，繁茂的枝叶障天荫地。

④我不由得惊讶于这树的形象了！是谁雕琢了这一棵树，把它塑造成这样一种状态？而它又是以怎样的一种毅力牢牢坚守在这里的呢！

⑤从这树周围的痕迹看，这里曾经是一条山洪行走的过道。想象得出，当初这里一定发生过一场惊心动魄的掠杀：一个大雨滂沱的夜晚抑或是白天，蛮横的山洪们咆哮着奔泻而来，它们为了自己行进得畅快，便不顾一切地撕咬、冲撞。纤弱的草被践踏了，婷艳

的花被摧折了，松软的土被卷走了。那些充当卫士的树木呢？也没能经受住山洪的淫威，一棵又一棵地俯首缴械了，留下的只是这光秃秃的板石。而唯有这一棵站立的树，勇敢地抗争过，战斗过，在和山洪进行激烈的较量搏斗之后，顽强地存活下来。

⑥祝福这棵树吧，它是劫难中的幸存者，更是恶战之后的胜利者。而它又是靠什么力量才取得了那场搏杀的胜利，进而成为这山林中的强者的呢？

⑦同行的植物研究专家余先生告诉说，作为一棵树，必须有大于其树冠三倍的根才能存活和生长。依此推断，这树一定有比人们肉眼所见到的大于树的几倍的根，在更深处伸展着，旺盛着。就像蚯蚓翻松泥土一样，默默地为树做着该做的事情。原来，这才是树之所以岿然不动的根本所在呀！

⑧再次打量时，我的心被强烈地震撼着。（A）它的无数条根系正是在穿越石丛之后，又钢钉般深深刺入地下的。加上它的那些边根又紧紧地把那堆乱石抱在怀里，就产生了一种难以动摇的坚定——一根抱着石，石帮着根。（B）根，千方百计地寻找生长的土；石，忠贞不渝地护卫蓬勃的根。

⑨这树，简直就是一部启迪人生的哲学著作。根石相助，紧密合作，树才成为这样一簇令人感叹的景观。树啊，你看到了吗？在你面前，有多少只惊慕的眼睛仰视着你！树啊，你听到了吗？在你身旁，有多少赞美的话语品评着你！可根却依然默默无语，甚至任由那些与树合影的人的脚踩踏自己的身躯。

⑩小树啊！你于劫难中涅槃，你在平凡中巍峨。你是万木丛中的独秀，你是锦绣荔波的自豪。

（选自 2005 年 12 月 6 日《人民日报》第 15 版，有删改）

1. 文中"我"的情感有怎样的变化？请在下边横线上填写适当的内容。（2分）

_____——祝福这棵树　_____——启迪人生

2. 文章第⑧段写道："我的心被强烈地震撼着。"请联系全文思考，"我"被什么给震撼到了？（3分）

_____

_____

3. 文章写景状物很妙，佳句甚多，试从 A、B 两句中任选一句，从修辞的角度赏析其妙处。（3分）

_____

_____

4. 阅读第⑨段内容思考：作者为什么说"这树简直就是一部启迪人生的哲学著作"？请用文中原句回答。（4分）

_____

_____

扬起凤头展翅飞

——关于散文写作开头之浅见

名师导读

　　散文的特点是形散而神不散。这是散文写作最基本的要求。散文写作要有核心，这个核心就是散文的"神"。要紧紧围绕散文的核心组织材料，有感而发，但千万不能下笔千言离题万里。现在的高考、中考，绝大多数学生都会选择写散文。那么如何才能写出一篇上乘的散文得到高分呢？请阅读本文。

　　万事开头难，写散文也不例外。一篇散文的开头厘正了，写好了，往往整篇文章就会前舞后蹈，首尾兼顾，千言万语流落笔下，写出一篇使人满意的文章。

❶ 对于如何写好散文，作者开门见山地指出写好开头的重要性。换句话说，好的开头等于成功的一半。

写散文就是写一种感情体验。① 当我们想好了要写什么的时候，如何开头，如何开好头就显得尤为重要。对此，许多散文名家大腕多有论述，并且写出了诸多堪称经典的散文名篇。在向经典学习，不断实践的过程中，自己也稍有体悟，愿与朋友们分享。

1 触景生情，以诗起笔

由于作家和记者的双重身份，或去某处采访，或到异地采风，全国还真的走过到过不少地方，随之也生成了一些触景生情的短文。比如，那年随中国作家采风团去广东虎门。

❷ 散文贵在"情"字。真情实感是文章写作灵感的源泉。没有真情实感的文章是无源之水，无本之木，读来味同嚼蜡，毫无意思。

② 虎门是鸦片战争的始源地，是留在中国现代史上令国人悲愤疼痛的一页。站在伤痕累累的虎门炮台，眺望大海上汹涌奔来的浪花，一种积蓄胸中许久的心结不由得荡漾而起，一篇怀念悲壮的散文《海边，望着浪花》的开头，便应境而生："浪花呀，稽首顿足 / 使劲拍打岸的胸脯 / 哦，大海在倾诉"，而后又以"大海在恸哭"另段，"大海在叩问，历史在嘱咐"等诗句结尾并统领全文，使一篇仅有1300多字的短文产生了意想不到的影响。

❸ 作者不是在故意炫耀自己的能干和所取得的成就，而是通过不厌其烦的列举和叙述告诉读者，文章好的开头真的非常重要，同时又切合了文章的主题。

③ 短文发表后，不但很快被《散文选刊》转载，而且先后被佛山市、台州市、东莞市，广东省、福建省以及一些学校作为当地的高中学生高考语文模拟试题应用，直至被选入散文年选、中小学生课外阅读等几十种版本图书。

2 持疑设惑，自问自答

1993 年 5 日 7 日，是我文学写作道路上一个难忘的日子，因为那一天，我被中国作家协会吸收为会员了。

入会后不久，便接到了创作联络部的函告，要在作家圈中举办一次散文征文。作为新入会的成员，当然要积极响应。可我此前几乎就没有正经写过散文，能成吗？要不要参加征文？犹豫中，转眼间就过去了一个多月。征文是有时间限定的，朋友便鼓励，不妨试试。

写什么？怎么写？

① 故乡是个温暖的被窝，尽管它贫穷，它有许多的不如意，长大成人后，虽然天南地北地走过许多地方，历经千境万景，但生我养我的那片土地却依然在我心中。于是，故乡悬崖峭壁上一棵记忆深处的酸枣树，便立即浮现在我的眼前，那摇曳的风姿有如撞击的洪钟在心中鸣响。② 它"在夹缝中生存，在磨难中挣扎，在逆境中巍峨"。一棵敢于向命运挑战的酸枣树，一种"不鄙己位卑，不薄己弱小，不惧己孤独"的强者形象，鼓励我挥动了手中的笔。

"是为摆脱饥寒交迫的日子，你才无可奈何地跳下那悬崖？是为免遭那场被俘的耻辱，于弹尽粮绝之后，你才义无反顾地投落这峭壁？"有问必答，而后以"雄鹰""风景""灵魂"为象征，三点一线，生成了一篇比较满意的散文作品。

该文于征文评选中幸运地获得三等奖。后经著名文学评论家孙武臣老师推荐，在《文艺报》发表后，也是先由《散文选刊》转载，继而先后入选哈尔滨市

❶ 每一个人都有一份独特的乡愁。作者运用暗喻，把自己对故乡的思念，细腻地表达了出来，令人感动。

❷ 在散文怎么写、写什么这两个要点上，作者现身说法，以自己的亲身经历回答了所有的读者，作者运用拟人的修辞手法，把一棵不起眼的酸枣树写得活灵活现。

（2001）、长沙市（2003）中考语文试卷，再后又被选入 150 余种不同版本的图书。当然，它也遭到了多名有名有姓人士的剽窃。仅此小文，我曾先后进行过 3 次维权。最近又发现，不少中小学的语文老师又以不同方式把此文搬进了课堂，并以开头的人称转换为内容，进行剖析，辅助教学。

3 相信感觉，借鸡生蛋

河北省丰宁县的坝上草原，一直被人们视为北京的后花园。20 世纪 90 年代中期，我有幸去那里游览。那是个日头即落的黄昏时刻，同游的人们都争先恐后地在蒙古包里品尝烤羊肉，因为我不好这口，便在外面瞎溜达。①漫步间，回身忽见东方半山坡上滚来一轮圆月。那月亮红彤彤，大得惊人，还似乎听到了它隆隆作响的轰鸣声。我被这强烈的视觉震撼了，那是一轮从未见过的圆月亮呀！当晚，夜不能寐，一篇文章的开头，甚至一整篇文章则应情而出：

"既然有人把灵魂视为一座建筑，我便有理由认定，这坝上月就是建筑它的材料。"

文章脱稿特快，写得很顺。发表后同样也引起了不错的反应，有转载的，有选入图书的，还有作为语文试题进行剖析的。但在诸多的剖析中大家都没有涉及这篇文章的开头是怎么产生的。

② 这文章的开头我是缘于"教师是人类灵魂的工

❶ 食客的嗅觉是灵敏的，诗人的末梢神经是敏感的。如此美景，诗人禁不住触景生情，文思泉涌，一篇文章的好开头立刻喷涌而出。

❷ 作者现身说法，把自己的成功经验告诉读者。为了把这种抽象的道理讲得通俗易懂，作者运用了暗喻的修辞手法，既生动形象，又一目了然。

程师"这只"鸡"，而生出的"既然有人把灵魂视为一座建筑"这个"蛋"而起头开笔的。由于尝到了借鸡生蛋的甜头，在以后的一些散文创作中我还多次运用此法，如散文《原始的魅力》的开头"看景不如听景，这话拿到了西双版纳自然会被否定"。该文写于2000年，在全国130余家报纸副刊编辑参加的采风文章评选中，能获一等奖，应该说也是得益于借"看景不如听景"这只"鸡"，而生出的"自然会被否定"这个"蛋"。

①除上述几种开头外，我先后还以"由表及里，层层剥笋"（如《走向崇高》，散文诗《梁山好汉》）；"抛却羁绊，直入正题"（如《起点》《中秋望月》《面对草地》）；"实说眼前，引出正文"（如《荔波一棵树》）等为方，写出过几篇说得过去的散文。

以上仅是一己之得，一孔之见，难免偏颇与窄隘，谨望方家批评教正。

❶ 作者通过自己成功的案例，将经验和读者进行了毫无保留的分享，这种精神值得所有读者学习、借鉴。

延伸思考

1. 为什么作者认为散文的开头非常重要？

_____

_____

2. 作者在文章中提到了三种不同的开头方式，分别是哪些？

_____

_____

3. 作者如何运用"借鸡生蛋"的方法来开篇写作？能举例说明吗？

_____

_____

关于"火"

名师导读 ▶

　　火，是人们再熟悉不过的一种物质。它给人光明，给人温暖，给人的生活带来无限美好。阅读本文的意义不完全是作者对火的赞美，而且要我们懂得，当平素的生活中发现或者看到一种存在后，就如同写《关于"火"》一样，要坚持不懈地琢磨下去，深究下去，认真地写下去。钻木取火，持之以恒，准能弄出个所以然来的。

火——

❶ 作者运用灵慧的语言，跳跃的音符，以拟人化的修辞手法，对火进行了毫不吝啬的赞美。

　　① 你自莽原生成，你从远古走来；你承载着灵慧，你裹挟着激情，一路踏歌而行。

　　那驱逐寒凉、温暖人间的是你吗？那抵御黑暗，照彻心灵的是你吗？那焚毁愚昧，涅槃文明的也是你吗？

　　你是腐朽和芜杂的天敌；你是开拓和进击的助手。

① 作为圣火，你点燃了一场场拼搏；作为焰火，你为喜庆增添了欢乐。有了你，人们尽享了生活的美味；有了你，世界不停地激动蓬勃。

还记得儿时摇曳村头的炊烟吗？那浓浓的乡情是火点燃的。还记得元宵节小伙伴们羡慕追逐的花灯吗？那欢快的童趣是火满足的……

因而，我赞美火，我热爱火，我需要火。

② 火般的热血涤亮火般的青春，一个个燃烧的生命被历史歌吟；火般的事业冶炼火般的岁月，一段段火般的故事映照火般的生活。

我们处处被火包围，我们时时被火指引；我们因火而健康成长，我们缘火而繁衍生存。灯火照亮了我们觅求知识的夜路；灶火使我们吮足了大自然赐予的丰富营养；而烛火，则把生命一节一节地举上人生的高度，让我们时刻把前路瞭望。

不堪设想，没有火的世界该有多么荒芜，没有火的人生会是怎样寂凉。

然而，有时我也十分地痛恨火。

比如那燃烧了数千年至今仍不肯熄灭的战火；比如那被世代习惯了的"州官放火"；比如那隐匿在贪婪者灵魂内部随时都会纵容假恶丑出笼的鬼火；比如那用意歹毒、乘人不备的暗夜纵火；比如那居心叵测的煽风点火；比如那缘于性格缺陷，莫名其妙地胡乱喷发的无名之火；还有随时会突降人间的那种缘不慎而失火，缘无知而走火，缘不礼、不良而导致的邪火、玩火，以及那数不清的从旁门左道里随时可能冲撞而

❶ 作者以排比的修辞手法将普通的火赋予了特有的内涵，使文章的主旨得到了升华。

❷ 作者运用了比喻和排比，讴歌了燃烧的岁月、火热的青春，赞美了那段火热的往事，引起了读者对那段岁月的无限遐想。

167

出变异了的火、火、火……

哦，火——

你这叫人又爱又恨、多不得也少不得的精灵啊！

你这使人又求又防、远不得也近不得的光芒啊！

延伸思考

1. 文中提到火具有哪些正面的特性和作用？

_____

_____

2. 作者在文中表达了对火的矛盾情感，分别是什么？

_____

_____

3. 文中提到了火的比喻和象征意义，你能找到其中的一些例子吗？

_____

_____

心灵是一片土地

名师导读 ▶

　　每个人都有属于自己的一片心灵，而且不希望别人来打扰。但是在日常生活中，我们的心灵一直被践踏：繁文缛节、尔虞我诈等，无穷无尽、无休无止、不胜其烦。每个人都感同身受。本文从释放心灵的角度，本着人道主义精神，给每一位读者指出了护佑心灵的重要性和出路，令人耳目一新。

　　① 心灵是一片土地，是根的家；是种子放飞梦想，期待和向往的庄园；是红硕的花，成熟的果，直至参天大树无法忘怀的故乡。

　　心灵是一片土地，一笔人生独有的财富，他人无法抢占。在这片土地上，种瓜得瓜，种豆得豆。如果庸散懒惰，不肯耕耘，不去播种，这土地就会荒芜。荒芜的土地里，会杂草丛生，会秕草满目，甚至会有毒草恶株泛滥成灾。

　　心灵是一片土地。它埋藏智慧，珍存希望；它孕

❶ 作者把心灵比作根的家、种子的梦想庄园、大树的故乡等，可见心灵地位之高。从而指出了护佑心灵的重要性。

育生机，助长活力。发现它，开垦它，会有一种挖掘的快乐和收获的满足。

心灵是一片土地，它拥有不可低估的抚育能力。你看，在那悬崖峭壁的缝隙间，虽然只有一捧泥土，却养育了一棵树，抑或一蓬草，从而使它们成为一簇耀眼的风景。

① 心灵是一片土地。它不但拥有抚养的能力，还拥有承当的力量。那巨龙飞奔的铁道线，那四通八达的公路网，那纵横交错的江河流，那直插云霄的高楼群……一条条，一幢幢，无一不是踏着土地的身躯，踩着土地的肩膀而起飞，而登顶的。

心灵是一片土地。这土地有肥沃与贫瘠之高下：不惜汗水，辛勤耕耘，是土地肥沃之秘诀。

心灵是一片土地。这土地有湿润与干涸之区分：审度云雨，洁身净气，是土地保有常态之诀窍。

心灵是一片土地。这土地有松软与板结之不同：敞开情怀，吐故纳新，是土地永不僵滞之奥妙。

② 心灵是一片土地。这土地有冰冻与温暖之差别：善待四时，感受阳光，是土地永驻春天之真谛。

品咂着土地的味道，吮吸着土地的清芬，触摸着土地的温润，感恩着土地的厚爱，生命会愈加蓬勃，人生则不断丰富。便会有希望之鹰起飞，一只只飞向高远，飞向辽阔……

当飞翔的鹰劳累了，困倦了，这土地——就是温馨的眠床。

❶ 作者将铁道线比作飞奔的"巨龙"，非常生动形象。作者运用了暗喻的修辞手法，由表入深，揭示了保护心灵的重要性。

❷ 作者从心灵的差别，指出了敞开心胸、善于创新、保持心灵活力的必要性。

延伸思考

1. 这篇文章中为什么比喻心灵为一片土地？

_____

_____

2. 文中提到如果不去播种和耕耘心灵，会发生什么情况？

_____

_____

3. 根据文章，如何才能使心灵保持肥沃？

_____

_____

沐浴心情

名师导读 ▶

现今的一个不容置疑的社会现实是——压力，很多人被压力砸得心情糟糕，对一切都不感兴趣。更可怕的是，很多人开始躺平了。但是生活还得继续，那么如何调整自己的心情呢？如何面对每天的各种压力呢？作者的文章或许对你有所启发。

路，七弯八绕，拧螺丝般把我等旋上了灵山之巅。

灵山海拔 2300 多米，位于北京门头沟区西北边缘，与河北省涞水县肩并肩地靠在一起。每临盛夏时节，这里不仅是块避暑胜地，还是一处观赏高原风光、领略大自然慷慨馈赠的极佳境界。那天，登上灵山的一刹那，首先涌入我胸怀的便是那种心情被淋漓尽致沐浴的酣畅。

① 屹立灵山之巅，极目四处，无遮无拦，偶尔有几片白云掠过，不仅不能模糊视线，反而会被信手拈来，

① 灵山海拔 2300 多米，无遮无挡，景色秀丽，在旖旎如画的风景里，放飞自我，沐浴心情，实在是一种非常不错的选择。

揩去登攀的汗渍。眼前更显一片亮色。

身位低下，平素许是仰视久了的缘故吧，此时此刻的目光，若想捕捉到点什么，也只好变换方向了。原来，俯视竟是如此充满魅力的一簇风景：此顶我为峰，一切都匍匐在脚下，一切都变得比原来微小，一切都被看得可有可无……即便那片刚刚穿过的翁翁郁郁、为我等遮阴送凉的白桦林。

哦，难怪说人要往高处走了。

然而我等此行，如果说只是为了登攀高处，只是为了寻找一种高度感，那是不必来或曰不想来的。因为，城里有高楼大厦，有耸入云空的电视发射塔，去那里同样也能获得一番俯视万物之微的快感。灵山毕竟远在郊外，且空旷辽阔，这里没有楼峰街谷里无休无止的喧嚣，不会人挤人，也没有你呼我吸各种各样的浊气交叉。清新、清爽、清静、清纯，主宰着灵山，主宰了这里浩荡如涌、一泻而去的碧草，主宰了这里摇曳多姿、缤纷炫目的一花一蕾……

于是，在登山的诸君中，便有了都市如岸、郊野似水、沐浴心情，灵山是高高溅起的一朵浪花之说；便有了昼光如饮、夜光如醇、蓬勃生命，灵山是向人们输送精、神、气、血之说；便有了登攀者心悦、欲临者心切、未顾者生憾之说……

①灵山有灵。灵山归来，真的拥有了一份好心情。那心情曾经是期待许久的平静和美丽。

❶ 来到灵山，沐浴心情，感受美好，体验宁静，这是作者一次登山之旅的心灵总结。人生也是如此，换个心情看世界，世界也会换个心情看你。

延伸思考

1. 文章中描述的灵山给人的心情是什么样的？

_____

_____

2. 为什么文章中提到人要往高处走了？

_____

_____

3. 文章中提到灵山有灵，这句话的含义是什么？

_____

_____

故乡有棵枣树

名师导读 ▶

　　故乡是每个远行游子的根。在深更半夜、静寂无人时，故乡是游子含泪的梦。枣树是乡情的载体，是浓浓思念的象征，是海外游子的悲情寄托。没有背井离乡外出打工的人是无法体会游子这种思念情结的。作者以一个过来人的身份，回忆了 20 世纪五六十年代的社会和乡村情景，表达了思乡之情。

　　①故乡半山坡上，丁字路口处，生长着一棵枣树。枣树树干很粗，要两三个小孩子牵手才能搂得过来。这树很有些年纪了。

　　老李家的人说这枣树是他爷爷的爷爷的爷爷在野地里捡到一棵树苗，看那丁字路口处有个土坑，就把它埋下，又随意撒上泡尿，那树就活了，慢慢长大起来了。

　　老张家的人说这枣树是他爷爷的爷爷的爷爷见那

❶ 作者开门见山交代了枣树所处的方位，并运用了对比的修辞手法突出了这棵枣树不平凡的来历，引人入胜，激发读者的兴趣。

175

丁字路口有个土坑，用铁锹一剜，就把自家院里一棵小枣树移植过来，而后就是浇水、养护，那树就慢慢长大起来了。

乡亲们觉得他们说的有根有据都有理，据说多少代人也没有认定这树的完全归属：说是李家的树，行；说是张家的树，也行。就这样，①这树在人们的关注下，在大家的议论声里坚守着脚下的土地，且不断地做着踢腿运动——树根越扎越深，不断地做着伸展运动——树冠越长越大，不停地做着扩胸运动——树干越来越粗，终于令人刮目相看起来。

那是一棵甜枣树，树上每年都会结不少枣子。那枣儿椭圆形，就像后来我所知道的橄榄球的一个缩微版。

春天，枣树长叶、开花都很晚，比洋槐花要晚很多很多。小伙伴们就等着它开花，想着它结枣，盼着它成熟。②那是秋天到了呀，便有大孩子爬到树上，把争着先红先熟的枣子摘下来，装进上衣口袋，然后下树后分发给我们这些小小孩子。给多给少，先给谁后给谁，那可是有讲究的："以后从家里再拿什么好玩的出来，必须要先给我；以后不能再找谁谁去玩了……"唉，孩子小啊，管他是不是情愿呢，先答应下来，吃到枣子再说。

就为了能吃到枣子，小伙伴们对这枣树是很爱护的。比如，如果发现有谁拿小刀在它身上乱刻乱划了，有谁用石块打它的叶子了，小伙伴间会立即通报"情况"；很快便会有人通知他家大人；如果那家大人不肯接受孩子们的"报告"，最狠的说不定哪天夜里他家院

① 作者对枣树的描绘不但不落俗套，而且运用了排比的修辞手法，将这棵枣树生长的神奇之处刻画得淋漓尽致。

② 通过对季节的描写和小孩子们爬树动作的刻画，表达出作者童年甜蜜的回忆。这正是乡情的自然流露。

176

子里就会落下一块不大不小的土坷垃来。就这样，那枣树在大家的呵护下，春天按时长叶，夏天及时坐果，秋天嘛，准会满足我们这帮淘气孩子的期待。

20 世纪 50 年代末，家乡闹了大旱灾，大家都自觉地过起了吃不饱穿不暖的日子。要说那日子有多么苦，当小孩子的并不懂，只知道那些饭菜不如以前的好吃了，小伙伴们谁也不再把零食拿出来分给大家了。我就是因为吃了一种叫作"本槐"树叶子做成的"菜豆腐"，而闹了个脸肿，眼睛都"胖"成了一条缝。为了不挨饿，有的人家便外出讨饭，有的人家便选择了合家搬走。无疑老张家是选择了后者，因为，自那年那天他们一家搬走以后，我们就再也没有看见过老张家的人露面。

老张家的人走了，那枣树有点不太情愿地便归属到了老李家的门下。① 枣树有了归属，枣树的主人对它就"格外"地看管起来，而且看管得很严：先是在枣树周围垒起一圈石墙，见依然挡不住孩子们的攀爬，就又在枣树干上捆扎了好几道酸枣枝圪针。孩子们吃不到甜枣心里不甘心呀，每年那枣树刚坐果就有人趁夜色偷偷拿石块打。再后来，不知是什么原因，老李家就把那枣树给杀了（老家人管砍树叫杀树）。据说那枣树干和枣树枝被做成了很多打场用的木锨、木耙、木叉，有的还做成了犁杖，据说拿到集市上卖了不少钱呢。

② 一晃就过去几十年了，不知道那个丁字路口闲置的土坑里，是否有人新载了什么树；如果载了树，那树的命运又该如何？多少年了，我心中一个拧着的问号，一直没有被抻直过。

❶ 荀子认为人之初性本恶。老李家对于枣树的看管和杀伐，不但断了孩子们的食粮，也断了作者的念想，充分证明了人性的自私。

❷ 枣树是作者思乡之情的载体和心灵寄托。作者与其说是怀念这棵枣树，还不如说是对枣树最后遭遇的不满。

延伸思考

1. 文章中提到，枣树曾被归属到两个不同的家庭。这两个家庭分别是谁家？

_____

_____

2. 为什么最后文章中提到的枣树被砍伐？

_____

_____

白浮泉的记忆

名师导读 ▶

中国五大名泉指的是镇江中冷泉、无锡惠山泉、苏州观音泉、杭州虎跑泉和济南趵突泉。而白浮泉并没有被列入其中。白浮泉又名龙泉，是北京市的文物保护单位，是白浮引水工程的源头，相传和元代天文学家郭守敬有关。毫无疑问，白浮泉虽然不是中国五大名泉，但其出身、功能、作用、历史价值却毫不逊色。

轻雷隐隐，细雨纷纷。踏着蜿蜒山阶，走近，走近……

①要走近的是一座山，名为龙山。此山位于京北昌平东南方。山不算高，山腰处有一名泉，叫白浮泉。此泉名字由何而来，并无太多说道。据地志记，由于距离山下不远处有一村庄叫白浮村，故而得名。

在通州居住多年，距离大运河不近也不远。曾去岸边一回回眺望春柳，也曾临水一次次问询秋波，不

❶ 对于鲜有名气的白浮泉，很多人显然并不了解。作者查阅了地志记，对其命名的由来进行了解释说明。

179

怕人见笑，还就是没打听过运河的源头在哪里。这不，听说白浮泉就是大运河的故乡，谒见之心甚为迫切。

行进的历史有许多相似之处，比如由于一件事而造就了一个人，或因一个人而成就了一件事。说起白浮泉，就不能不提起元代的那位科学家郭守敬，① 也正是他发现了白浮泉，并开发利用了白浮泉，才使大运河的碧波荡漾不枯，韵响千年，从而亦为郭守敬丰硕的科学成果增添了一缕幽幽香气。

① 作者运用了层递的修辞手法，强调了郭守敬发现白浮泉对于京杭大运河的重大功绩，进一步指出了郭守敬科学成果的重要意义。

白浮泉有座泉池，池壁上一溜探出九个龙头。据说滔滔泉水当年就是从那龙嘴里喷射出来的，然后又沿着郭守敬规建的渠线，先西行，再南甩，一路曲曲弯弯，波波清涟便乖乖地流进了百里之遥的昆明湖。② 人们可曾知道，白浮泉与昆明湖的海拔高度是有差别的呀，要精确地测量出这百里地势的落差，要让向着低处流动的白浮泉水一路畅行，不因地势高低变化而受阻碍，即便使用现代的测绘工具，恐怕也是要有一定难度的，而几百年前的郭守敬竟然做到了，而且不差分厘。这白浮泉眼下虽已干涸，望着眼前的一幕，想象当年郭守敬修渠治水的情景，人们不禁投去了感叹和敬佩的目光。

② 作者运用了对比的修辞手法，用现代测绘工具在精确测量地势落差上的难度，反衬突出了几百年前的郭守敬引泉入运河的计算精确非凡。

据龙山游册记载，郭守敬是河北邢台人，元朝著名的天文学家、数学家、水利工程专家，在天文、历法、水利、数学等方面成就卓越。当时他奉命修订的《新历法》一直沿用三百余年，也早于世界历法三百年。1970 年，国际天文学会曾以郭守敬的名字为月球上的一座环球山命名为"郭守敬环形山"；1977 年，国际小行星中心又将小行星 2012 命名为"郭守敬小行星"。这不是一般性的国际褒奖，是当代世界对一位科学巨匠的认可和铭记。

是呀，人们是不会忘记那些为人类文明和进步事业做出过贡献的先贤名哲的。

①早在元朝皇帝忽必烈移都北京建立元大都后，城里人口一下子激增到四五十万，人们的生活或面临缺水的危机。一天，忽必烈把郭守敬召到面前，授予他一个新差事："都水监"。要他负责修治元大都至通州的运河，一是可解决人们的饮用水问题；二是可疏浚通州至大都的运粮船道。郭守敬领命，极其负责。作为一名杰出的水利专家深深懂得，欲使河道水势旺盛，人足饮用，舟船畅行，首先要找到足够的水源才是。②为此，郭守敬花费了近一年的时间，风餐露宿，足迹踏遍了京北大地，曾先后发现近百处泉源，最终把水势不凡的白浮泉作为极好的可用之水，并立即动手勘测绘图，修渠引流。传说忽必烈很支持郭守敬的工作，曾命大臣们去参加修通水道的义务劳动，使治水工程进展顺利，动工仅一年多就"引泉"成功，滔滔不绝的白浮泉水就驯服地奔流进了大运河，"通惠河"亦由此而定名。

据有关记述，郭守敬天资聪慧，少年时就勤奋好学。在其祖父郭荣的教养下，做事认真精细，且勤于善于动手制作各种器具，十四五岁就弄懂了在当时连一般成年学者都难以解开的《莲花漏图》（北宋科学家燕肃在古代漏壶基础上所改进绘制的一种计时器）。③也

❶ 对于郭守敬修治运河的起因，作者以负责任的态度，从历史的视角切入，对之进行了解释说明。

❷ 为了完成皇帝布置的任务，郭守敬高度重视。作者对其完成任务的整个过程的艰辛进行了描绘，突出其精益求精的工作精神。

❸ 在介绍郭守敬天资聪慧、成就非凡的基础上，作者运用了层递的修辞手法，进一步介绍了郭守敬的更高成就：《授时历》，使读者更好地熟悉天文学家郭守敬。

正是受那次解图的启迪，以致后来郭守敬才攀登上了改进、发明、创造新的天文历法的一种世界高度，并因此写出了能够推算下一年时历的《授时历》等百余卷述。

面对沧桑的白浮泉遗址，怀想郭守敬的巨大科学成就，深知这一眼泉、一片湖、一条河是难以支撑其科学巨匠头衔的，他一定还有更多的科学发现正如他的名字一样被民间百姓知之甚少。这是为什么呢？近期读了有关郭守敬的一些资料方悟：原来郭守敬的科学研究成果确实遭遇了不测。

郭守敬后半生，虽然已经当上了太史令，却一直没有停止他所热爱的天文研究。他曾经把自己制造天文仪器、观测天象的经验和结果等极其宝贵的知识编写成百余书卷。然而，① 民可使治之不可使知之的封建帝王元世祖虽然支持了改历工作，却不愿让真正的科学知识流传民间，把郭守敬的天文著作统统锁在深宫秘府之中，使那些宝贵的科学遗产几乎全部淹埋。当时，为观测天象所用，郭守敬还改进了北宋时的"浑仪"，并取名"简仪"。此仪器与现代称为"天图式望远镜"的构造基本一致。在欧洲像这种结构的测天仪器，直到 18 世纪以后才开始从英国流传开来。据有关记载，这架"简仪"一直到清末还保存着，后来被在清朝钦天监中任职的一个法国传教士拿去当废铜给销毁了。现在只留下一架明朝正统年间的仿制品，保存在南京紫金山天文台。

② 这是郭守敬及其科学成果的遭遇，也是历史的

① 中国有两千多年的封建社会历史。封建社会的主要特征就是专制。这种状况对传播科学是极其不利的。

② 作者运用了拟人的修辞手法，一方面对郭守敬及其科学研究成果的遭遇表示痛惜；另一方面为白浮泉及仿郭守敬引泉入京水道而建的当代水渠向其致敬。

遗憾。然而，遗落在京北的白浮泉以及参照了郭守敬引泉入京水道而修建的当代京密引水渠，却以它奔流不息的态势珍存了对郭守敬这位科学伟人的记忆，也在不停地向世人述说着他的历史贡献。

延伸思考

1. 白浮泉为何被称为大运河的故乡？

_____

_____

2. 为什么郭守敬的天文著作和科学知识没有流传到民间？

_____

_____

仰望一幅照片

名师导读▶

从本文题目可知，本文介绍的不是一张普通的照片！照片中的人物一定有着非凡的经历和特殊的意义。是的，没错！这张照片中的人物就是大名鼎鼎的抗日英雄陈翰章！作者以饱含深情的笔触，以细腻生动场景的描绘，以对日本鬼子无比愤怒的仇恨回忆了那段战火纷飞的往事。

❶ 作者开篇通过对照片内容的介绍，奠定了全文的主基调，构思非常新颖。

① 吉林省敦化市陈翰章烈士陵园内，一幅只有陈翰章将军头颅的照片供奉在纪念馆展台上。

——题记

仰望这一幅照片，仿若在仰望一座高山，巍峨地屹立在中华大地。

这是一种高度。拥有了这高度，远眺，四海风云尽收眼底；俯瞰，大好河山尽览胸怀。正是这高度，使陈翰章将军怀天下因而钟情华夏，哀民疾因而立誓革命。他是一位以智勇胜敌和献身无畏的先驱，是飘扬在同道者队伍里的旗帜，是照亮黑暗角落的火把，是激励前行者冲锋的号角。

① 仰望这幅照片，如同捧读一段血与火的历史。1940年2月，抗联英雄杨靖宇将军牺牲了。漫道抗联无继，有我在！时为抗联第一路军第三方面军指挥的陈翰章将军，独撑第一路军大旗，伏击讨伐队，夜袭敌哨卡，在白山松水间与侵略者展开了更加坚决的斗争，谱写了抗联战士不屈不挠，艰苦卓绝的又一曲壮烈悲歌。

寡不敌众呀！终因寡不敌众，战斗到1940年12月初，面对敌人梳头发般的冬季大扫荡，由陈翰章将军率领的一支60人的小分队，最后只剩下了16人。这是革命的火种呀！保住这火种就保住了希望，保住了未来，保住了最后的胜利，一定要冲出敌人的包围圈。② 陈翰章带领着这支队伍昼伏夜出，艰难跋涉。雪地上，他们走得很快，大家都踩一个脚印，走在最后面的人再把脚印埋上，以防敌人发现追踪。队伍悄无声息地疾速前进，从12月5日到7日，3天时间，敌人并没有发现他们的影子。眼看就要突出重围了，孰料这最后的16人中竟出了个贪生怕死的叛徒，偷偷离队向附近的敌人投降告密去了。投敌者虽然只有一人，却抵过了一直围堵他们的千余日伪军。由于敌人掌握了他们的行动计划，便立即增调大批人马，对陈翰章带领的抗联队伍进行了东西北有目标的三面合围。

那是杨靖宇将军牺牲（1940年2月23日）9个月

❶ 这幅照片，是意义非凡的将军照片。作者通过运用比喻的修辞手法，以生动的笔触，明快的节奏，讴歌了陈翰章烈士的丰功伟绩。

❷ 作者以非常细致具体的笔触，突出表现了陈翰章将军的足智多谋。

之后的 1940 年 12 月 8 日，陈翰章带领着仅存的 15 人小分队继续突围。由于出现了叛徒，原定在晚上的突围计划，不得已改在了白天。

几个方向已传来枪声，眼看敌人一步步逼近。^①陈翰章掏出手枪决定，由他和一名机枪手留下掩护，其余人由胡连长带领大家立即向附近树林方向撤退。然而，就在胡连长与陈翰章将军争论要由他来掩护的时候，几颗炮弹落下，胡连长不幸牺牲，接着机枪手为掩护陈翰章也不幸遇难。敌人离得更近了，已经能听到他们的喊叫声：捉活的！捉活的！陈指挥快投降吧，能当大官呢。为掩护战士们突围，陈翰章躲在树后，一串串子弹射向敌人，机枪子弹打光了，就用手枪打，敌人一个个倒下。他们见劝降不成，便集中火力向陈翰章射击。陈将军身中数弹，上身完全被血染红。最后，^②陈翰章将军凭着仅有的一点力气，挣扎着爬起来，让自己的上半身就近靠在一棵粗大的松树上，"如同一尊庄严的雕像，威武不屈"，时年 27 岁。

为向关东军头子邀功，凶残的敌人不仅砍下了陈翰章将军的头，而且就在他中弹靠上松树之后，竟用刺刀捅进了他的眼睛……陈翰章烈士的头颅被福尔马林液浸泡，曾被保存在当时伪满洲国首都新京（今长春市）的"大陆科学院"。

人民想着念着这位为国捐躯的抗日英雄，1948 年 12 月 25 日，长春解放前，他的遗首被地下党找到，于 1955 年 4 月 5 日被安放在了哈尔滨东北烈士陵园。为纪念陈翰章将军，让他在家乡的土地上永生，敦化

❶ 战场情势瞬息万变，容不得半点犹豫。作者怀着沉痛的心情，对抗日战场的血雨腥风中陈翰章将军和战友们之间的情谊进行了讴歌。

❷ 陈翰章将军是勇敢、伟大的。作者运用了明喻的修辞手法，突出表现了陈翰章将军牺牲时的威武不屈，令人肃然起敬。

人民于日本投降后的次年 8 月 15 日，即把陈翰章将军的出生地敦化县半截河屯改名为翰章屯，并在县政府院内建立了陈翰章纪念碑。2013 年 4 月 10 日，在陈翰章将军百年诞辰即临之际，敦化市男女老少手持挽幛，沿途各界群众冒雪迎回了将军遗首，并于 6 月 14 日陈翰章将军百年诞辰这天，在新落成的敦化市陈翰章烈士陵园举行了隆重的身首合葬暨公祭仪式，让一代抗日名将的英魂回归故里。

陈翰章将军的英雄事迹感天动地，英名流传八方。^① 一首怀念镜泊英雄陈翰章的歌曲至今还在流传："镜泊湖水清亮亮，一棵青松立湖旁。喝口湖水想起英雄汉，看见青松忘不了将军陈翰章。"如今来到敦化的人，也都以能够走进陈翰章烈士陵园瞻仰，能够去走一走抗联路，看一看密营的树，拜一拜烈士墓，作为了却心愿的一次实现而欣慰。

❶ 陈翰章将军的丰功伟绩深深影响了一座城市，影响了一代人。作者运用了引用的修辞手法，体现了人们对陈翰章将军的无比怀念之情。

延伸思考

1. 陈翰章将军在何时和何地遭遇了敌人的包围？

_____

_____

2. 陈翰章将军的头颅最终是被如何处理的？

_____

_____

★参考答案★

第一辑 花开春风里芬芳斜阳下

【好诗三"道"】

1.A

解析：本题考查文章内容的理解。

根据第①段"现如今，诗歌再次热起来。从荧屏节目到线上公号，再到线下的各类读诗分享会，越来越多的人开始回味经典好诗，从诗词中汲取精神营养。诗在中国千年不衰，其道何在"可知，本文由诗歌通过各种方式流行起来，引出诗的"道"这一话题，从而引出"结合我自身的诗歌创作实践，我认为好的诗歌，关键就是处理好气道、味道与门道这'三道'"这一中心论点；第⑥段"诗歌的创作与创新，主要在实践而不是理论，更不要迷信所谓技巧"强调的是"诗歌如何创作与创新"，并非本文的"中心论点"；故选A。

2.豪气、地气、勇气、灵气。

解析：本题考查文章内容的理解与概括。根据第②段"这气里有风吹草低、大漠孤烟、大江东去的豪气；有关注社会、深入生活、扎根人民的地气；有不随波逐流，勇于实践，努力登攀诗歌高度的勇气；有风抚塔铃，珠落玉盘，心弦随之颤动的灵气"可知，在作者看来诗有豪气、地气、勇气、灵气。

3.道理论证（引用论证），引用现代诗歌和古诗词，论证了领略了诗歌的意境、情景，就会有洞门大开、眼前一亮之感的观点，使论证更有说服力。

解析：本题考查论证方法及其作用。论证方法有：举例论证、比喻证论、对比论证、道理论证等。论证方法是为论证内容，说明对象

188

服务的。在分析作用时从内容，如何突出观点的方面进行理解。提炼论证观点时注意画线句上下文，尤其是段落开头。

论证方法：根据第④段"你站在桥上看风景，看风景的人在楼上看你。明月装饰了你的窗子，你装饰了别人的梦""映阶碧草自春色，隔叶黄鹂空好音""纤云弄巧，飞星传恨，银汉迢迢暗度"可知，本段引用了卞之琳的《断章》及其他诗人的诗句，运用了道理论证法，表现了不同诗歌营造的意境；论证内容：联系第③段"这里所说的含蓄，并非晦涩，是说通过对诗的品味、琢磨，能使人领略诗之意境、情境。而且一旦领略了，会有洞门大开、眼前一亮之感"可知，通过道理论证，具体有力地论证了"一旦领略了诗歌的意境，就会有洞门大开、眼前一亮之感"这一观点。

4. 围绕选文第⑤段最后一句，结合自身写作经历作答即可。示例：在创作过程中闭门造车是行不通的，事件是检验真理的唯一标准，创作也是如此，只有深入实践，多走多看多想多写，坚持下去才能写出接地气的文章，有了诗外的功夫，才能够反哺创作。

解析：本题考查拓展延伸。"功夫在诗外，是诗歌的一条重要门道"出现在第⑤段，联系第⑤段"诗人们要积极参与社会实践，多走走，多看看，多读多想多写，坚持下去，妙法自在其中"，第⑥段"诗歌的创作与创新，主要在实践而不是理论，更不要迷信所谓技巧。如果说真有技巧，正如前面所述，那也是熟能生巧"理解即可。

【孙悟空画的圈】

1. 孙悟空画圈并警告唐僧不要离开，是为了保护唐僧免受妖怪的危害。这个圈起到了保护墙的作用，只要唐僧留在圈内不离开，他就会安然无恙，而一旦离开圈圈，就会受到妖怪的攻击和诱惑。

2. 作者通过比较孙悟空画的圈和人们应该遵守的规定，旨在强调规定的重要性和功能。作者想要传达的信息是，像孙悟空画的圈一样，规定可以保护人们免受腐败和诱惑的危害。遵守规定相当于留在圈内，能够确保个人和国家的安全。

3.作者在文章中将那些不愿意遵守规定的人描述为酷似唐僧,他们无视规定的善意和力量,企图超越规定去追求金钱和享乐,最终陷入了困境。作者对这些人持批评的态度,认为他们的行为不仅无视规定的重要性,还可能导致腐败和不正当行为。作者呼吁人们应该遵守规定,否则将会受到不良后果的影响。

【面对草地】

1.(1)因为革命选择了草地,才生出了伟大与不朽。(2)草地中珍藏着令人振奋的民族精神。(3)草地有幸与整个中国连在一起,放飞理想。(4)草地有机会检阅红军的阵容,验证红军的品格。

2."植"字用得新颖别致,既表现出了许多青年革命者无私奉献的精神,又表现了这些革命者与草地的相互依存,给草地增添了不少光彩之意。

3.比喻、对偶、对比(物质贫穷,精神富有;身体清瘦,灵魂健壮)。本段直抒胸臆,表达了作者对草地的赞扬和对革命前辈的由衷敬仰与歌颂之情。

【峡谷竹影摇诗韵】

1.文中提到毛竹在地下经过5年打牢基础才能快速生长,此处应填"青年"。

2.这句话通过使用"遒劲""直抵心性"等形容词和词语,生动地描绘出竹画的笔力有力、意境深远的特点,表达了作者对竹画的喜爱和赞美之情。

3.毛竹的生长过程启示人们打牢基础、扎实根系是成功的关键。它通过前5年的地下生长,为第6年的快速生长奠定了坚实的基础。这给人们一个重要的启示,要在生活和事业中注重积累和基础工作,只有如此,才能像毛竹一样拥有旺盛的生命力和生长力,最终成就更大的成就。这也是对那些做表面文章、搞面子工程的人的提醒，真正的成就来自坚实的基础和持续的努力。

【草原日出】

1.C

2. 作者通过草原日出的描写表达了生命的诞生和创造的美丽，以及人类的前途和伟大事业的思考。文章中还传递出对母亲的敬意和对牧民生活的赞美，以及太阳作为象征的强大权威。整篇文章充满激情、自信和欢乐的情感。

3. 本文运用了比喻、拟人和排比等修辞手法来描写草原日出。例如，"太阳踏上了云层的顶端，把瀑布般的光芒倾尽泻下"使用了比喻修辞，形象地描述了太阳的光芒；"整个草原的大东方，仿佛被投进了一座熔炉冶炼"使用了拟人修辞，赋予了太阳人的形态；"牧鞭声脆，脚步匆匆。一切景物都和着草原日出的节拍而律动，随着草原日出的进程而次第展开"使用了排比修辞，强调了日出的节奏和景物的变化。

【穿越白桦林】

1.D

2. 白桦林被描述为一道栅栏，代表了限制和束缚，它阻止了自由和生命的发展。这象征了人与自然之间的疏离和不合适，以及对自然过于理想化的期望。作者最终选择离开白桦林，认为在其他地方可以找到更合适的心灵归处。

3. 作者原本期望白桦林是一片高洁正直、质朴轩昂的森林，能够给人生带来一番生动的感悟和激励。然而，当作者真正走进白桦林时，发现它所给予的是败枝满地、乱荆缠足，甚至连它固有的秩序和蓬勃也都不知了去向。作者感到失望和冷漠，认为白桦林轻浮浅薄、风中摆首弄姿、飘飘然张扬自己，未免也太世俗了些，太小家子气了些。

【花开春风里　芬芳斜阳下】

1.B

2. 王倩在绘画中付出的艰辛和奉献表达了对艺术的坚持和热爱，以及对追求卓越的决心。她通过长时间的努力和不懈的追求，取得了绘画艺术的突破，并赢得了赞誉和认可。这也展示了她对艺术的深刻感悟和奉献精神。

3. 王倩成功的原因主要有以下几点：首先，她从小就对绘画有着浓厚的兴趣和热情，并且坚持不懈地学习和创作；其次，她在绘画方面非常勤奋和刻苦，付出了极大的努力；再次，她得到了电台领导和同事们的支持和鼓励，这为她提供了更好的学习和创作环境；最后，她善于抓住机会，不断进取，不断挑战自我。这些原因告诉我们，成功需要热爱和坚持，需要付出艰苦的努力，同时也需要机遇和良好的环境。我们应该时刻保持对学习的热情和进取的态度，努力提高自己的素质和能力，不断寻找机会和发展自己的空间。

第二辑　披满敬意的身影

【峭壁上的树】

1. 酸枣树的成长经历。

解析：本题考查文章线索。通读全文可知，文章是围绕酸枣树从种子成长为树再到结出小酸枣果实来写的，所以文章的行文线索是酸枣树的成长经历。

2. "雄鹰"指酸枣树的种子；"风景"是指故乡峭壁上的酸枣树；"灵魂"是指小酸枣。

解析：本题考查对文章内容的理解。通读全文，结合文章句子可知在这里作者把酸枣树的种子比作了雄鹰。从"从此，你就在这里安家落户，日日夜夜，年年岁岁，终于顽强地活了下来，长成一簇令人刮目的风景"可以看出这是种子长大变成了酸枣树,在这里作者说长成一簇令人刮目的风景,其实指的是故乡峭壁上的酸枣树。从"亮亮的,红红的,像玛瑙,像珍珠,像一团燃烧的火焰,像那万仞峭壁的灵魂"可知,灵魂指的是小酸枣。

3. ①酸枣树生长在峭崖壁缝上的一捧贫瘠的泥土中;②受到风雨、云雾、霜雪、雷电的欺压。

解析:本题考查提取关键信息。仔细阅读文章第一自然段到第四自然段可知是从这两个方面写了酸枣树生存条件的恶劣。概括为:酸枣树生长在峭壁壁缝上的一捧贫瘠的泥土中;受到风雨、云雾、霜雪、雷电的欺压。

4. 它明知道自己成不了栋梁高树,却还是努力地生长;它明知道自己不可能荫庇四邻,却还是努力地茂盛着。

解析:本题考查了筛选句子的能力。根据对文章内容的理解,第五段的第一句话是本段的中心句,也是具体体现"不鄙位卑,不薄弱小。"的语句。

5. 运用了对比的手法,突出了酸枣树生命力顽强、不慕虚荣、甘于平淡的品格。

解析:本题考查对文章内容的理解。从"酸枣树不像山前的桃树,山后的梨树,一个个娇生惯养让人伺候、抚慰,动辄就使性子给点颜色瞧瞧。也不像贪图热闹的杨树柳树们,一个个占据了水肥土美的好地方,便忘乎所以地摆首弄姿,轻飘飘只知炫耀自己""酸枣树默默地兀立着,不鄙位卑,不薄弱小,不惧孤独",可知在这里运用了对比的写作手法,突出了酸枣树生命力顽强;不慕虚荣,甘于平淡的品格。

【老人与鸟】

1. 文章传达了对自由和爱护生命的价值观念。老人放养鸟儿并喂养它们,让它们自由飞翔,体现了对自然界的尊重和对生命的关爱。这也强调了与自然和谐共生的重要性。

2. 老人认为"养鸟不如喂鸟"，是因为他意识到把鸟儿囚禁在笼子里，让鸟儿失去自由并不是真正的爱鸟。鸟类是自由的生灵，应该拥有自由飞翔的权利。因此，他选择将鸟儿们放飞，让它们在天空中自由飞翔，学习自觅其食的本领。

【人才断想】

1. 运用了暗喻的修辞手法，将人才比作花蕾、晨星、精华，表达了作者对人才的讴歌和赞美。

2. 文章倒数第二、三段运用设问的方式，概括了假冒伪劣的"人才"的多方面特征，以此警示众人要辨别人才、任用人才，表现了作者对现阶段人才缺失的感慨。

【说不尽的沂蒙红嫂】

1. 沂蒙红嫂救助过无数八路军受伤战士，她们把"最后一碗米送去做军粮，最后一尺布送去做军装，最后一件老棉袄盖在担架上，最后一个亲骨肉送去上战场"。

2. 李凤兰。她与丈夫刘玉明结婚后，丈夫参军赴前线，她在家尽孝侍奉公婆，外出忙碌农活，同时组织识字班、做军鞋，支援八路军。在她获知丈夫光荣牺牲后，仍然坚守在婆婆身边，精心照料婆婆，直到婆婆寿终。这个故事展现了她的坚韧和牺牲精神，为家庭和国家贡献了巨大的爱。

【姐姐出嫁】

1. 根据文章内容，大姐哭得伤心是因为她思念逝去的母亲，牵挂年幼的弟弟，为我们这个贫寒的家和自己的命运感到悲伤和忧虑。

2. 作者从姐姐的哭声中领悟到了家庭生活的艰辛，姐姐对家人的牵挂和对未来的不确定。同时，作者也领悟到了亲情的珍贵和家庭的重要。这些领悟使得作者更加珍惜家人之间的情感纽带，并努力为家庭分担责任和义务。

3. 通过描写姐姐出嫁时的伤感，作者抒发了对姐姐不幸命运的同情，对家庭贫苦状况的惋惜，对母亲早逝的怀念，对幼时经历的歉疚。

【小汪清的英雄气】

1. 童长荣是一位有知识、有文化、有信仰、懂军事的坚定革命者。

2. 文章主要通过小汪清英烈事迹彰显了大无畏的革命烈士精神、坚定不移的爱国主义精神、舍生取义的革命精神、群策群力的团结奋斗精神。

【披满敬意的身影】

1. 朱呈镕不仅个人拥军优属，还发起并注册成立了"临沂市拥军优属协会"，将拥军优属行动变成一种社会行动。这使得更多人参与其中，共同传承"红嫂精神"，为强军铸魂贡献力量。

2. 乐观进取，自强不息的奋斗精神；大公无私，献身社会的奉献精神；正义仁爱，关怀弱势的人道主义精神；开拓创新，创业报国的爱国精神。

【三十岁而立】

1. 三十岁是人生发展的极佳时期，具有旺盛的生命力；三十岁的人已经经历了风雨，具有一颗平常心；三十岁的人懂得思考、反思和承当；三十岁的人渴望新知，追求学问的深度和宽度。

2. 因为在这一阶段，人们经历了青春期的成长和成熟期的转变，开始从稚嫩走向成熟，从依赖走向独立；在这个阶段，人们需要思考如何面对未来、如何选择人生的方向、如何承当责任等重要问题。因此，"三十而立"是人生中一个重要的节点。

第三辑　满眼秀色染诗

【起　点】

1. 长风破浪　风雨无阻

解析：注意正楷字的规范使用，利用好所给的田字格的每一份空间，做到有棱有角、工整舒展。"长风破浪"的长字要把一横一竖钩写好，打好整个字的骨架；"风雨无阻"四字则比较看重工整程度，最好做到方方正正的字样。

2. bó　yōu　jí　ào

解析：注意根据词语的意思来填写适当的拼音，同时注意不要写成某些同音字拼音。"喷薄"不要写成"bao"；"悠扬"的悠字声调为一声，不是轻声；"嫉妒"的嫉字可能有点生僻"ji"为二声；而"奥妙"的奥字的声调应该标到"a"上来。学生平时需要多积累拼音知识，对常见字的拼音和音调做到熟练书写，对重点字的拼音更要着重练习掌握。

3. 第①段：无论（不论）生成茵茵小草，还是长成参天大树……
第②段：一个人找准了目标就等于缩短（减小）了与成功的距离。

解析：本题考查学生对于句式结构的掌握能力，首先需要学生查明病句的错误类型，找出病因，平时需要多做病句修改题，多积累经验。第①段的病句"尽管生成茵茵小草，还是长成参天大树"我们可以明显地看出"尽管"和"还是"不是相匹配的关联词语，此处为关联词语搭配不恰当，应改为"无论生成茵茵小草，还是长成参天大树"；第②段的病句"一个人找准了目标就等于降低了与成功的距离"属于动宾搭配不当，距离并不能降低，应该改为"一个人找准了目标就等于缩短了与成功的距离"。

4. 例子一：居里夫人发现了镭，起点只是一桶沥青。例子二：袁隆平成为杂交水稻之父，起点只是一粒种子。

解析：本题主要考查学生仿写特定句式能力，仿写题要注意原句的主要特点：比如修辞、句式以及内容上要能够相互呼应。本题的原句从结构上来看是"某人的事迹＋起点是……"，学生只需挑出几个熟悉的名人名事，并将其能够成功的根源描绘出来即可。例：居里夫人从成百上千吨沥青中仅仅提取出几克镭元素，震惊世界；我们敬爱的袁隆平爷爷终其一生都扑在了杂交水稻的培育上，数十年如一日地与小小的一粒种子打交道，挽救了无数食不果腹的人。

【问候心情】

1. 文章中提到心情需要问候，因为心情是人们精神世界的一部分，它可以是好的也可以是坏的，而好的心情能够带来安宁和宁静，而坏的心情则可能引发冲突和灾难。因此，问候心情有助于平衡和维护人们的心理健康。

2. 作者描述坏心情时提到，坏心情可能甩出雷电和狂澜，它能制造混乱和祸害，搅乱人们的世界。坏心情的影响可以表现为情绪低落、冲动、愤怒、焦虑等负面情感和行为。

3. 作者用不同的味道来比喻心情，如酸、甜、苦、辣、咸等，以强调心情是多样的，可以有各种各样的情感和体验，就像不同味道的食物一样。这个比喻突出了心情的多样性和丰富性。

【开发人生】

1. 开发人生是指充分发挥自己的智慧和能力，勤奋工作，不断学习，使人生更加充实、有意义、有价值。开发人生的意义在于能够充分发挥个人的潜力，提高自己的能力和素质，为自己和社会创造更多的价值。

2. 在开发人生的过程中，可能会遇到挫折、失败、疲惫、焦虑等各种困难和挑战。但是，只要坚持不懈、乐在其中，就一定能够收获成功和快乐。

【感受阳光】

1. 作者在文章中通过不同的时间段和季节来描述阳光的不同特征和作用，用生动的修辞手法和描写方法，表达了阳光美好、温暖、滋润、光明、热情、清新等特征，强调了阳光对生命的重要性和积极作用。

2. 作者对紫色花抱有一种欣赏和喜爱的态度；紫色花在文章中象征着一种宁静、谦逊和独特的美德，是一种对于内心的平和和深层品质的表达。

3. 阳光是生命的赐予者，赋予人们温暖、光明、活力和希望；阳光能够滋润生命，激发积极向上的信仰和精神，让人们在面对挑战和困难时勇敢前行；阳光象征着公正和平衡，教导人们坚持和奋斗。

【中秋望月】

1. 作者通过描述中秋的月亮勾勒出了一幅浓郁的情感画面。文中提到中秋月亮勾起人们思念、盼望、祈愿的情感，象征着团聚、亲情和爱情。中秋的月亮被赋予了承载美的使者、滋养灵魂的角色，表达了月亮在人们内心世界中的深刻影响和意义。

2. 作者通过对中秋月亮的描写，将其与美好的愿望和梦想联系在一起。他认为月亮是承载美的使者，是绽放在心中的花朵，通过月亮的存在，人们能够在梦中与所爱之人同醉，感受到美的滋润。作者鼓励读者把圆月紧紧地揽入怀抱，将之视作一种情怀和信心，表达了对美好梦想的拥有和追求。

【哄哄自己】

1. 作者提出"哄哄自己"的观点是因为他认为生活中充满了风霜雨雪和挫折，心灵容易受到伤害，而人们需要学会如何用成熟的心智来抚慰受创的心灵。哄哄自己意味着积极地寻找希望，用乐观的态度来对待生活中的挫折和困难，以此来保持心情愉快和心灵的平衡。

2. 哄哄自己并不是要欺骗自己，而是通过积极的思维和心态来安抚自己的情感和情绪。它意味着将注意力集中在自己的兴趣、爱好和追求上，以此来克服生活中的烦恼和困难。哄哄自己是一种自我激励和自我抚慰的方式，让人能够更好地应对生活的挑战。

3. 教授的观点表明，曾经想要自杀但战胜死亡的人是非常勇敢和坚强的，因为他们在最绝望的时刻选择了坚持生活，战胜了自己的负面情绪和困难。这个观点的意义在于鼓励人们在面对挫折和困境时，要坚定地相信自己，用积极的态度来应对问题，因为他们已经展现出了生命的力量和韧性。这也强调了自我坚持和战胜困难的重要性。

【只说"道"德】

1. 作者在文章中提到了一些缺乏道德的行为，包括夜间嘈杂的汽车驾驶，以及从汽车窗口抛撒垃圾和撒沙子等行为。

2. 作者认为文明社会的建设需要人们的良好素质和道德观念的提高。人们需要在日常生活中，尊重他人，考虑他人的需求，遵守公共秩序，并以自己的行为为社会文明做出贡献。这种努力和改变需要从平时点滴的行为中体现出来。

3. 作者强调培养和提高整个中华民族的文明素质之因在于，文明社会的建设不仅仅依赖于一些个人的行为，而是需要整个社会的共同努力。通过培养文明素质，可以促使更多的人参与到文明社会的建设中，从而实现共建共享的目标，提高社会的文明程度。

【朗朗铮气将军诗】

1. 岳宣义将军将自己的军队经历和诗歌创作结合在一起，通过将自己亲历的军事经历、训练和野营拉练等情感和感受转化为诗歌创作的灵感。他在繁忙的军务和训练中，并没有停下写诗的步伐，而是将这些经历融入他的诗歌中，反映军队生活和军人精神，同时鼓舞士气。岳宣义通过诗歌表达了对军队和国家的热爱，以及对正义和美的追求，将自己的诗歌作品与军队精神相结合。

2. 岳宣义将军的诗歌作品受到了多项荣誉和认可。他的诗作入选了《将帅诗词》，并且出版了多部诗集。此外，他还被中国作家协会吸收为会员，这些荣誉和认可表明他的诗歌作品在文学界和军队内部都受到了高度评价和推崇。

3. 岳宣义将军在繁忙的工作中也保持着诗歌创作的热情。尽管他的工作安排非常紧凑，但他每天都坐半个小时的车程回家，这个时间他经常用来回顾一天的工作并写下诗情妙句。他认为诗作是他生命的一部分，无论工作多忙，他都不愿意放弃诗歌创作，因为诗歌是他表达对祖国、人民和军队的热爱以及对正义和美的追求的方式。这种平衡使他既能胜任工作，又能保持诗歌创作的持续。

【满眼秀色染诗心】

1. 绿道的设计总长度为 500 余公里。其发展目标是将绿道连接起仙居县境内的各个村庄，形成一个庞大的网络，使村村寨寨之间紧密相连。

2. 军营门前的小溪被描述为绿色、清澈，每逢星期天都格外绿。智猛的诗作表达了对亲人的思念，以及对战友情和同志爱的抒发。他用诗歌表达了在军营生活中的感情和思绪，将军营的景色与友情相融合。

3. 作者在文章末尾描述了仙居县的山水景色美丽动人，用词生动形象地表达了自己的感受。作者认为，这些景色令人难以用语言表达爱意，每个人都会被激发出想象的翅膀，让心灵去实现一次跨界飞翔。这表达了作者对仙居县山水景色的深切喜爱和赞美。

第四辑　海边，望着浪花

【坝上月】

1. 示例：我不认同。文章由"月亮从东山坡顺势奔来"写起，写及"月亮继续上升"，然后在对上升的月亮作全方位描写之后，再写及月亮"不断上升"，最后写及"我"的感悟，时间线索很明显，条理十分清晰。

解析："杂乱无章"即找不到行文顺序。而本文中从"从东山坡顺势奔来"写起，月亮初升带着"浩浩荡荡不可阻拦，轰轰隆隆惊天动地"的气势映入人们眼帘。"浩浩荡荡不可阻拦；那声响，轰轰隆隆惊天动地"；而后"月亮继续上升"带着"月光如潮"的宏伟气势将皎洁月光缓缓洒向大地，月光的出现是如潮水一般一点一点覆盖向大地，带有隐晦的时间推移，但条理清晰。

2. 示例：在作者的眼里，月光如潮水般能涤去烦忧与浮躁，有坝上月的照耀和引导，能心生美好的希望。因此，说"坝上月能洗礼人的灵魂"一点也不为过。

解析："坝上月能洗礼人的灵魂"，这句话侧重于突出坝上月对人心灵层面的净化作用。"结合文章内容"则要求我们引用文中原句作分析"清纯的月光水能涤去污浊，幽谧的月光水能洗去烦忧""选择是必然的，因为有坝上月的照耀和引导"两句读来令人倍感心情宁静，对世间美好的月色给出了极高的赞誉。

3. 示例：这清澈的溪流啊，承载着我的信仰。当你携着我的希冀，在铮铮淙淙的乐音中远去时，我美丽的希冀，和着你悦耳的旋律与节奏，渐行渐远，直到山那边一望无际的海洋。

解析：本题为开放性题目，学生作答要注意竭力避免白话的词语，多使用辞藻华丽的语句来修饰所选景物，保证符合题目要求。作答时将其分为两部分：一部分描绘景物的美丽与动人之处，另一部分则要点出这种景物能够为人们带来哪些有益于身心或者社会的先进精神，最终目的还是要回到对人和社会的积极作用上来。

【仰望雪山】

1. 仰望者对雪山有崇敬和期待之情。他们用亲切的目光来仰望雪山，将其视为一种珍贵的遗产和未来的希望，一座丰碑，一份美丽的礼物。仰望雪山是一种向往和期待的表现。

2. 这句话传达了对岷山雪峰的深刻记忆和珍视之情。岷山雪峰被描述为红军爬过的地方，是一种历史的见证，代表了坚韧和坚持。这种记忆是永恒的，不会被时间流逝所抹去。

3. 文中通过对雪山的比喻，将其比作坚韧、坚定、刚毅的象征。雪山被描述为不屈不挠的存在，具有硬度的钢牙利齿，象征着坚强和不屈的精神。这传达了一种坚持和奋进的寓意，鼓舞人心，表达了对美好未来的信念。

【狼牙山远眺】

1. 五勇士因为他们在抗击敌人的战斗中表现出的英勇和牺牲精神而被人们永远铭记和敬仰。他们在面对敌人多倍于自己的情况下，选择坚定前进，甚至跳下悬崖，用自己的生命换取了胜利。这种英雄气概和牺牲精神成为中华民族的精神基因，永远铭刻在人们的心中。

2. 狼牙山五勇士的壮举和牺牲精神成为中国文化和民族的一部分，影响了中国人民的思维和信仰。他们的事迹激励着人们勇往直前，不怕困难和牺牲，坚守信念，追求正义。这种影响体现在中国文化中，激发了不屈不挠的民族精神，成为中华民族的骄傲和自豪。

3. 作者认为五勇士的故事会永存，因为这些故事不仅是历史的见证，还是激励人们的力量和勇气的源泉。无论登山者们出于何种动机来到狼牙山，一旦了解了五勇士的故事，他们会被这些英雄的壮举和牺牲精神所感动，这种影响将一直留存在他们的记忆中，激励着他们追求更高的目标和价值。

【漫步赵登禹路】

1.文章中的道路以抗战英雄赵登禹的名字命名，是因为他代表了爱国、忧患、多思的情怀和英勇的精神。这条路代表着一个历史时期的淬火和抗战的艰难历程，走在这条路上会让人们感受到英雄的呐喊和燃烧的战火。

2.文中的大刀挥舞和战斗场景描述了抗日战争中中国勇士们与侵略者日军激烈的战斗，表现了他们的英勇和坚决抵抗侵略的精神。

3.作者描述赵登禹和其他抗战英雄的牺牲为中国历史上的一个壮丽的时刻，他们的牺牲成为中国民族精神的象征，激励着人们坚守正义，勇往直前，不怕困难和牺牲。他们的影响一直传承下来，成为中华文化的一部分，提醒人们不忘历史，珍惜和平，肩负责任，追求更高的目标和价值。

【魅力柳祠】

1.柳宗元的名字在柳州有深远的影响，是因为他不仅是一位杰出的文学家和政治家，还因其勤政、清廉、爱民的品德和政绩而备受景仰。他在柳州刺史任上改善了当地的经济状况和社会稳定，深受百姓喜爱，被世代景仰和纪念。

2.文章中提到了柳宗元的著名诗歌《江雪》。这首诗歌描述了大雪天里，一个老人专心致志地在钓鱼，不怕寒冷，展现了老人的坚韧和可敬之处。

3.柳宗元的政绩包括兴办教育、打击巫术、改善基础设施（打井栽柳、植柑种花）、制定新政策以解放奴婢等。他的施政措施使当地百姓富裕，社会稳定，受到了当地人民的欢迎。柳宗元还提倡吏为民役，认为官员应该为百姓服务，他的廉洁和勤政精神也为人民所铭记。

【佗城不是城】

1.赵佗是龙川县的首任县长，他以勤政、清廉、爱民的政绩和政治理念影响了龙川县的历史和文化。他引进铁制生产工具，传播秦国文化，改善了当地的经济状况和社会稳定。他的政绩和品德受到人民的拥戴，为他建立了祠堂和塑像，将龙川县的旧城称为"佗城"，并成为后人敬仰的符号。

2. 赵佗采取了"和辑百越"和"汉越一家"的政策来促进民族融合。他引进秦国的文明，帮助越人改善生产方式和生活状态，推动了文化和社会的进步。他还采取了一次移民措施，将一万五千名未婚少女迁徙到南越，为南越的发展和进步做出了贡献。

3. 佗城镇被称为"姓氏博物馆"是因为这个小村庄只有2000多人口，但却有140多个不同的姓氏。这种多样的姓氏分布在一个小村庄中在全国来说相当少见，因此被戏称为"姓氏博物馆"，也是赵佗时代南越移民安家落户的历史见证。

【客家土楼】

1. 文中提到土楼在客家文化中具有特殊的地位，是客家人群体意志的凝聚和智慧的结晶，代表了客家人对土地的依赖和对土地的感情。土楼也象征着客家人的心灵崇拜和精神皈依，是客家人心灵深处的一簇风景。

2. 文中提到土楼在客家人的生活中发挥多重作用。它们提供了居住和居家的场所，保护客家人免受外部环境的影响。土楼也象征着客家人的文化传统和身份认同，是客家人一代又一代的精神支点。此外，土楼还记录了客家人的历史和文化，成为一座档案馆和资料库。

3. 永定在福建，被描述为"福建即福健也"，意味着福建充满了福气。文中提到，永定处处都有福，如福荫山、福泽水、福润心等。这里反映了永定地区自然风光秀丽，富饶宜人，充满了吉祥之意，与"客家福"相得益彰，成为客家人心目中的理想家园。

【那片血色记忆】

1. 文中提到王二小在牺牲时只有十三岁，家庭非常贫困，生活在冷山洞里，并靠放牛为生。这些细节传达了王二小年幼且贫困的生活境况，突显了他的牺牲是多么的无辜和悲惨。

2. 文中提到的血痕被描述为酱紫色，留在了王二小牺牲的大石头上，代表了对凶残和暴行的控诉，也是中华民族苦难史页里的一笔血债。这血痕是天地的记忆，对历史事件的永久见证。

3. 张问德和王二小都是备受敬重的志士仁人。张问德在一次危机中自荐成为县长，组织民众抵抗日本兵，最终夺回了县城。王二小则在年幼的情况下，用智慧和勇敢进行了一场"一个人的抗战"。这些人物的行为启示人们在国家遭遇困难时，需要团结、勇敢，挺身而出，为国家和人民的利益而奋斗。

【关于狼的记忆】

1. 作者提到狼凶残、狼毒、贪婪，以及它们会伪装，对小孩和小羊进行袭击。文章中还提到狼非常聪明，但怕响亮的声音。

2. 作者分享了三次与狼相关的经历。首先，作者提到小时候被大人们教育关于狼的危险性，这导致了他对狼的怀疑和警惕态度。其次，他在一个偏僻地区目睹了野生狼的行为，认识到狼对人的潜在威胁。最后，他在一次巡查中面对野外狼群，感到了极大的恐惧，这一经历让他多年来对狼持有恐惧感。

3. 作者在文章末尾表达了对狼的恐惧感，认为狼是野兽，它们不通人性，不循人理，因此不可预测和难以驯服，这使得它们对他来说格外可怕。

第五辑 关于诗的自言自语

【海边，望着浪花】

1.（1）问的内容：中国（清政府）在鸦片战争中失败的原因。

（2）问的答案：①（内因）清政府自身黑暗腐朽，朝廷奸佞贪图安逸富贵、苟且偷安、屈膝求和；②（外因）英军的坚船利炮。

2.①内容：与文章的叙述内容紧密结合，含蓄地表达了作者对鸦片战争的深度思考；②结构：三段诗句采用重章叠句的手法，贯穿始终，使文章脉络清楚，首尾呼应，一气呵成；在叙述中穿插，使行文多姿；③语言：诗段采用反复、拟人等手法，把浪花、海浪当作人来写（赋予浪花、海浪人的动作、思想），更含蓄、生动形象，更具表现力。

3.历史叮嘱我们：①很多人，尤其是年轻人忘记了屈辱的鸦片战争，他们只知道嬉笑追逐。要帮助人们永远记住历史，不要重蹈覆辙；②要建立良好的社会制度，清除腐败、贪官，否则就会使国家蒙受屈辱；③要加强国防建设，制造先进的武器。

【仰 望】

1.作者通过仰望表达了羡慕、成长立志、遐想、奋斗、崇拜、憧憬、美丽、心灵净化、赞歌等情感和愿望。

2.这些历史和文化符号在文中起到了象征和引导作用，通过这些符号，作者向读者传达了一种对历史的敬意、对伟人和先烈的崇拜，以及对国家和社会的热爱。这些符号帮助强化了文章中关于仰望的主题，让读者更好地理解作者的情感和思想。

【闲扯"用人"】

1."任人唯贤"是一种用人方式，它强调选用有才干和德行的人，不论其出身或资历。这种方式更加注重个人的素质和能力。而"论资排辈"则是按照资历和出身来选拔人员，通常遵循传统的等级制度。

这种方式在考虑用人时更加看重社会地位和资格。

2. 作者提到了刘备和曹操。刘备倾向于"任人唯贤"，他拜山野村夫为军师，不论其出身。曹操也采取了相似的方式，成就关羽温酒斩华雄的传奇。

3. 是的，现实生活中存在许多案例，其中一种情况是一些政治或商业领域的人可能会通过欺骗、贪污或受贿等不正当手段来获得高位，并最终被揭发。贪污案、腐败案和金融丑闻等都有现实中的案例，一些官员或商界精英因此失去了公众的信任和尊重。

【如果唐僧不去取经】

1. 有人认为唐僧不应该去取经，因为当时的大唐盛世，百姓富足，他一路颠簸冒险取经看似不必要，而且他可能会失去生命。

2. 文中提到《西游记》对于现代科技和想象力的影响包括孙悟空的跟头启发了飞机、飞船和火箭的发明，避水兽的存在启发了潜水艇的发明，以及神变、仙变、妖变、鬼变的描写激发了人们的想象力和创造力。

3. 有人认为没有唐僧师徒四人，妖魔鬼怪将无人制约，世界将会陷入混乱和危险。他们的存在帮助清除了许多妖怪，维护了社会的安宁和太平。如果没有他们，人类可能早就成为妖怪的猎物。

【关于"水的职称"说明书】

1. 江水是动态系列中的最高档次，具有强大的奔腾力量，一直向着大海追求，象征着坚韧和追求目标的精神。

海水是静态系列中的最高档次，容纳百川，吞吸万物，具有强大的清洁功能，代表着容纳与自净的能力。

2. 文中认为水的不同职称之间互不争抢，各司其职，精诚合作，代表了和谐有序的状态。相比之下，人类社会中的一些情况充满了争夺、操控和混乱，作者希望人们能够向水的职称一样和谐、有序地生活，追求真正的秩序与和谐。

【走向崇高】

1. 瞿秋白在文中做出了坚定的生死抉择，他选择了死亡。他做出这个决定是因为他坚信自己的革命信仰，拒绝了一次次的劝降和利诱，选择了坚守革命原则，为党和人民事业献出了生命。

2. 囚禁中的沉思和抉择让瞿秋白的精神经历了痛苦的折磨和艰难的挣扎。然而，这些经历也使他的心灵变得更加坚强，信念更加坚定。他的意志在困境中得到冶炼，使他更坚定地投身革命事业。

3. 瞿秋白的生死选择展现了他坚定的革命信仰和崇高的精神境界。他的牺牲激励了后人，成为革命事业的楷模和榜样。他的名字被世代仰望，成为历史中闪耀的一颗星辰，象征着坚韧和奉献，深刻地影响了中国的革命历史。

【关于诗的自言自语】

1. 根据文章，诗是文学的最早和最高形式，它通过特有的魅力传达情感和思想，以凝练、含蓄、美丽的语言表达，引发读者的共鸣和想象，具有独特的表现手法和艺术价值。

2. 这个故事表达了诗的力量，诗可以通过简洁而深刻的语言触动人们的心灵，产生共鸣，引发情感，以少胜多，用一两句话传达深刻的意境和情感，而不需要堆砌名词概念或庸俗的表达方式。

3. 作者提到诗需要包装是指诗需要用美丽的语言表达，语言的美对于诗的重要性在于它可以提升诗的艺术价值，吸引读者，让诗更具感染力和吸引力。语言的美可以增强诗的表现力，使其更具艺术性和感染力，有助于传达诗中的情感和思想。

【一个大鼓催生的民族】

1. 作者在西双版纳否定了这句话，因为他在那里体验到了原始自然景观的美丽和原始文化的深刻，这种原始的美丽和纯真感动了他，让他认为听到原始自然的声音和故事比仅仅看景色更加令人震撼和感动。

2. 基诺族的创世传说与一个被称为"司吐"的大鼓以及创世女神阿嫫腰北有关。根据传说，阿嫫腰北用木料和牛皮制作了一个大鼓，将善良纯朴的玛黑和玛妞兄妹放进鼓内，然后引发了大洪水，将旧世界毁掉，玛黑和玛妞在大鼓里逃过灾难，并在西双版纳基诺山定居，繁衍了基诺族。

3. 在基诺族的大鼓舞中，舞者使用手里的木杵作为伴奏的道具，用来敲击并发出特定的节奏，以伴随大鼓的声音进行舞蹈表演。

第六辑　沐浴心情

【荔波一棵树】

1. 惊讶　震撼

2. ①树勇敢地抗争，和山洪进行激烈的搏斗，顽强地存活下来；②它的无数条根系正是在穿越石丛之后，又钢钉般深深刺入地下的；③根抱着石，石帮着根。

3. A 句，运用了比喻的修辞手法，将根比喻为钢钉，生动形象地写出了根扎进土里的力度极大，状态极稳。B 句，运用了拟人的修辞手法，赋予根、石以人的情感，生动形象地写出了根石共生的情态。

4. 根石相助，紧密合作，树才成为这样一簇令人感叹的景观。

【扬起凤头展翅飞】

1. 作者认为散文的开头非常重要，因为一个散文的开头往往决定了整篇文章的质量和吸引力。一个好的开头可以引起读者的兴趣，使他们愿意继续阅读下去，并且能够为整篇文章奠定良好的基础。

2. 作者在文章中提到了三种不同的开头方式，分别是：以诗意的表达触发感情，如描述虎门炮台的开头。自问自答的方式，如提出问题并自己回答来引出文章主题，如写故乡的开头。借鸡生蛋的方法，通过借用一个引人注目的比喻或成语来开头，如描述坝上草原的开头。

3.作者通过"借鸡生蛋"的方法来开篇写作，这意味着他使用一个引人注目的比喻或成语来引出文章的主题。例如，他提到在坝上草原看到一轮红彤彤的大月亮，然后以"既然有人把灵魂视为一座建筑"为引子，引出了文章的主题，以月亮和建筑的比喻来探讨灵魂和情感的联系。这个方法使文章开头引人入胜，激发读者的兴趣。

【关于"火"】

1.文中提到火具有以下正面的特性和作用：给人光明和温暖。抵御黑暗，照彻心灵。能够焚毁愚昧，促使文明的发展。作为圣火，点燃拼搏的精神。作为焰火，增添喜庆和欢乐。照亮夜晚的知识之路。提供丰富的食物和营养。唤起生命的激情和热血。

2.作者在文中表达了对火的矛盾情感。一方面，他赞美火，热爱火，认为火是人生不可或缺的一部分，给予人们光明、温暖、乡情、童趣以及激情，使人们能够前进、成长和生存。另一方面，作者也痛恨火，因为火也可以带来战争、破坏、邪恶和危险。他提到了战火、恶意纵火、暗夜纵火、邪火、无名之火等负面作用，表达了对这些火的痛恨和担忧。

3.文中提到了一些火的比喻和象征意义，例如：

火被比喻为"一个个燃烧的生命"。

火被比喻为"人生的高度"。

火被比喻为"灵慧"和"激情"的承载者。

这些比喻和象征意义突显了火在人生和文化中的重要性。

【心灵是一片土地】

1.这篇文章中比喻心灵为一片土地，是为了强调心灵的内在丰富性和潜力。心灵像土地一样，可以培育梦想、智慧和希望，也需要耕耘和呵护，否则会荒废。这个比喻将心灵与大自然的土地联系起来，传达了心灵的肥沃、湿润、松软、温暖等特质，以强调人们需要珍惜和呵护自己内在的世界。

2. 文中提到，如果不去播种和耕耘心灵，心灵就会荒废。这荒废的心灵会变得杂草丛生，秕草满目，甚至会有毒草恶株泛滥成灾。这表达了如果不积极关注、培养和发展自己的内在世界，心灵可能会变得贫瘠、干涸和充满负面的情感。

3. 根据文章，要使心灵保持肥沃，需要不惜汗水，辛勤耕耘，这是土地肥沃之秘诀。此外，还需要审度云雨，洁身净气，以保持湿润与干涸的平衡；敞开情怀，吐故纳新，以避免松软与板结；善待四时，感受阳光，以维持冰冻与温暖的平衡。总之，要珍惜和呵护心灵，就像精心管理和维护一片土地一样，需要关注和平衡各个方面的需要。

【沐浴心情】

1. 文章中描述灵山给人的心情是一种沐浴心情的感觉，即心情被淋漓尽致地沐浴，酣畅淋漓。登上灵山后，人们感受到了清新、清爽、清静、清醇的环境，远离了城市的喧嚣和浊气，享受到了清新的空气和大自然的宁静，这让他们的心情变得非常愉悦和放松。

2. 文章中提到"人要往高处走了"表达了人们对于登高的追求和欣赏。虽然城市中也有高楼大厦和高视角，但灵山之所以特别吸引人，是因为它位于郊外，空旷辽阔，没有城市的喧嚣，而且提供了一种与自然亲近的体验。登山可以让人远离城市的喧嚣，感受大自然的宁静，享受清新的空气，从高处俯视大地，这种体验让人感到心情愉悦和平静。

3. 文章中提到灵山有灵是一种修辞手法，用来形容灵山的特殊之处。这句话意味着登上灵山后，人们会感受到一种与自然相融合的特殊心情，一种平静和美丽的心情。灵山所提供的清新、宁静、清静、清醇的环境以及大自然的美丽景色，都能够给人带来一种特殊的心灵体验，让人的心情变得非常愉悦和平静。这句话也强调了自然环境对人们心情的积极影响。

【故乡有棵枣树】

1. 文章中提到，枣树曾被归属到老李家和老张家。老李家的人说枣树是他爷爷的爷爷的爷爷在野地里捡到的树苗，而老张家的人说枣树是他爷爷的爷爷的爷爷见丁字路口有个土坑，移植过来的。

2. 最后文章中提到的枣树被砍伐是因为老李家将它砍了。文章中未明确说明砍树的原因，但可以推测可能是由于一些不满或纠纷导致的，也可能是出于其他需要木材的目的。文章未详细描述砍树的原因。

【白浮泉的记忆】

1. 白浮泉被称为大运河的故乡，因为它是用来补给大运河水源的泉源之一，由科学家郭守敬发现并开发，确保了大运河的水势旺盛，使之能够满足人们的饮用水需求和舟船畅行。

2. 郭守敬的天文著作和科学知识没有流传到民间，因为当时的元世祖不愿让这些真正的科学知识被民间知晓，将这些宝贵的科学遗产锁在深宫秘府之中，导致大部分科学成果淹埋。

【仰望一幅照片】

1. 陈翰章将军1940年12月8日，在靠近松花江的地方，遭遇了敌人的包围。这是在抗联英雄杨靖宇将军牺牲后的9个月后发生的事件。

2. 陈翰章将军的头颅被福尔马林液浸泡，曾被保存在当时伪满洲国首都新京（今长春市）的"大陆科学院"。后来，他的遗首被地下党找到，于1955年4月5日安放在哈尔滨东北烈士陵园。

— 中高考热点作家 —

中考热点作家

序　号	作　者	作　品
1	蒋建伟	水墨色的麦浪
2	刘成章	安塞腰鼓
3	彭　程	招　手
4	秦　岭	从时光里归来
5	沈俊峰	让时光朴素
6	杜卫东	明天不封阳台
7	王若冰	山水课
8	杨文丰	自然课堂——科学视角与绿色之美
9	张行健	阳光切入麦穗
10	张庆和	峭壁上，那棵酸枣树

高考热点作家

序　号	作　者	作　品
1	王剑冰	绝版的周庄
2	高亚平	躲在季节里的村庄
3	乔忠延	春色第一枝
4	王必胜	写好你心中的风景
5	薛林荣	西魏的微笑
6	杨海蒂	北面山河
7	杨献平	人生如梦，有爱同行
8	朱　鸿	辋川尚静

— 中高考热点作家 —

中考热点作家

序 号	作 者	作 品
1	蒋建伟	水墨色的麦浪
2	刘成章	安塞腰鼓
3	彭 程	招 手
4	秦 岭	从时光里归来
5	沈俊峰	让时光朴素
6	杜卫东	明天不封阳台
7	王若冰	山水课
8	杨文丰	自然课堂——科学视角与绿色之美
9	张行健	阳光切入麦穗
10	张庆和	峭壁上，那棵酸枣树

高考热点作家

序 号	作 者	作 品
1	王剑冰	绝版的周庄
2	高亚平	躲在季节里的村庄
3	乔忠延	春色第一枝
4	王必胜	写好你心中的风景
5	薛林荣	西魏的微笑
6	杨海蒂	北面山河
7	杨献平	人生如梦，有爱同行
8	朱 鸿	辋川尚静